Marie Curie habite dans le Morbihan

Xavier Jaravel

Marie Curie habite dans le Morbihan

Démocratiser l'innovation

LA REPUBLIQUE DES IDEES

Seuil

Collection dirigée
par Pierre Rosanvallon
et Ivan Jablonka

ISBN : 978-2-02-154583-8

www.seuil.com

Introduction

L'innovation fait-elle exploser les inégalités ? À première vue, c'est bien probable. Certains ne sont-ils pas menacés de perdre leurs emplois, remplacés par des robots, tandis que d'autres s'apprêtent à devenir millionnaires en levant des fonds pour leurs start-up ? Au-delà des inégalités d'accès à l'emploi, de revenus et de patrimoines, l'innovation semble même poser un problème démocratique, dans la mesure où quelques grands groupes détenteurs des technologies de pointe – par exemple Google – peuvent devenir aussi puissants que des États.

Pour autant, l'analyse économique nous enseigne que la croissance économique, c'est-à-dire la prospérité matérielle, est tirée par l'innovation. Et c'est bien la croissance qui permet aux pays en développement d'échapper à la pauvreté. C'est aussi elle qui permet de financer nos services publics et la protection sociale, gages de sécurité et d'émancipation pour le plus grand nombre. C'est enfin sur l'innovation que repose la décarbonation de notre appareil productif, nécessaire à la transition écologique.

Faut-il alors conclure que les inégalités nées de l'innovation sont le prix à payer pour la croissance économique, notre modèle social et la transition écologique ? Peut-on inventer des mesures correctives pour contenir ces inégalités, ou même envisager un autre modèle d'innovation, qui réduirait d'emblée les inégalités ?

C'est à ces questions que s'attaque cet ouvrage. Il s'agit d'abord d'effectuer un travail de diagnostic pour bien comprendre les liens entre innovation et inégalités, parfois moins évidents qu'on ne le croit. Il s'agit surtout de s'appuyer sur ce diagnostic pour identifier les bonnes priorités de politique économique, celles à même de mettre l'innovation au service de l'émancipation de toutes et tous.

La méthode est simple : exploiter au maximum les résultats de la recherche récente en économie et l'appliquer aux problèmes concrets de la politique d'innovation, notamment dans le contexte français. Trois étapes scanderont notre cheminement.

D'abord, un temps de diagnostic. Pour commencer, nous allons voir que l'innovation est toujours collective, loin de l'image d'Épinal du génie solitaire (chapitre 1). Nous analyserons toutes les manières dont l'innovation contribue aux inégalités – qu'il s'agisse de revenus ou de patrimoines, du marché du travail, de pouvoir d'achat, ou encore de la concentration du pouvoir de décision au sein d'une élite entrepreneuriale, scientifique et administrative (chapitre 2). Nous examinerons ensuite les forces économiques et sociologiques profondes qui expliquent comment nous en sommes arrivés là, avec le rôle des rendements d'échelle, de l'origine sociale des innovateurs, de l'intervention de l'État et de l'éducation (chapitre 3).

Forts de ce diagnostic, nous analyserons les propositions communément avancées dans le débat public pour mieux orienter l'innovation et corriger les inégalités qu'elle induit (chapitre 4). Pourquoi ne pas taxer les riches ou les robots, ou encore instaurer un revenu universel ? Et *quid* de la planification de l'innovation, notamment dans une perspective de réindustrialisation ? Dans quelle mesure ces propositions sont-elles crédibles, et sont-elles vraiment de nature à changer la donne ?

Enfin, nous proposerons d'autres axes, aujourd'hui très peu présents dans l'agenda de réformes, pour transformer nos dynamiques d'innovation tout en réduisant d'emblée les inégalités (chapitres 5, 6 et 7). Cette analyse nous amènera sur des terrains variés, des choix éducatifs à la gouvernance démocratique de la politique d'innovation. Ces nouveaux axes ont un point commun : ils agissent à la racine en s'attaquant aux forces profondes qui déterminent les relations entre l'innovation et les inégalités à long terme.

Le lecteur pressé pourra lire directement la conclusion pour avoir le fin mot de l'histoire. Néanmoins, les étapes du raisonnement comptent beaucoup. L'enjeu de cet ouvrage est aussi de restituer, de façon simple et accessible, la manière dont la recherche en économie de l'innovation permet de dresser des constats et de faire des propositions de politique économique. Cela suppose de mobiliser plusieurs approches méthodologiques, aux confins de la microéconomie et de la macroéconomie. D'ailleurs, les travaux universitaires qui fondent les constats et propositions de cet ouvrage ont produit leurs résultats tout récemment, au cours des cinq dernières années[1].

L'innovation nourrit aujourd'hui les inégalités sur bien des plans, mais ce n'est pas une fatalité. Changer la donne suppose de renouveler notre logiciel de politique d'innovation et de revoir nos priorités. Voici pourquoi et comment.

1. La liste complète des références bibliographiques est disponible à l'adresse : xavierjaravel.com/lost-marie-curie.

CHAPITRE PREMIER

L'innovation rhizome

Avant d'entrer dans le vif du sujet, prenons un instant pour analyser quelques exemples d'innovation historiques et plus récents. Cela nous permettra de voir pourquoi l'idée de « ruissellement » de l'innovation est malheureuse, parce que erronée.

Innover sur le temps long

L'innovation est un mot-valise, qui désigne l'introduction sur le marché de nouveaux produits ou procédés. Cela recouvre des réalités très différentes : les innovations existent sur tous les sujets et transforment nos manières de travailler, de consommer, de produire, de nous divertir, de voyager, d'éduquer, de communiquer, de nous informer, de faire de la politique, etc.

Pour organiser les exemples qui vont suivre, il est utile de distinguer trois types d'innovations. Les nouvelles *technologies* ont vocation à être adoptées très largement dans l'économie. Les innovations *organisationnelles* changent les modes de production ou de consommation, sans nécessairement avoir de contenu technologique très novateur. Enfin, de nouveaux *produits* sont inventés à destination des entreprises ou des particuliers, à partir des innovations technologiques ou organisationnelles.

L'histoire longue montre que les innovations se diffusent et changent nos sociétés de fond en comble. C'est bien sûr le cas des innovations technologiques qui ont permis les trois grandes révolutions industrielles, avec la machine à vapeur, les technologies de l'électricité et de l'extraction du pétrole, et les technologies de l'information et de la communication.

C'est aussi le cas de grandes innovations organisationnelles, comme les principes d'organisation du travail instaurés au XXe siècle par le taylorisme, puis le fordisme. En décomposant le processus de production d'un bien en une suite de tâches simples confiées chacune à un employé spécialisé, on obtient des gains de productivité très importants qui rendent possible la production de masse.

Enfin, c'est le cas des nouveaux produits révolutionnaires. Il y a tout juste deux cents ans, il n'existait ni vaccins contre le choléra, ni automobiles, ni avions, ni trains à grande vitesse, ni appareils photo, ni téléviseurs, ni radios, ni téléphones, ni cinémas, ni centrales nucléaires, ni ordinateurs, ni systèmes GPS, ni réseau Internet... Il est bien difficile d'imaginer à quoi ressembleraient nos vies sans ces innovations devenues banales !

Ce regard rétrospectif sur une longue période peut néanmoins prêter à confusion sur un point. Il semble tentant de conclure que des innovations révolutionnaires surgissent et bouleversent nos vies à intervalles réguliers. En fait, l'innovation est avant tout un processus de *diffusion* qui se déploie sur le long terme. C'est un processus graduel, collectif et itératif qui passe par les efforts conjoints des producteurs, des consommateurs et des régulateurs. Par tâtonnements successifs, une myriade d'acteurs affinent les technologies, ajustent les nouveaux produits et les intègrent dans notre quotidien – jusqu'à les rendre indispensables.

C'est pourquoi toutes les révolutions technologiques ont pris au moins trente ans avant de produire pleinement leurs effets. Cela étant entendu, tournons notre regard vers la période récente.

Y décèle-t-on des innovations à haut potentiel, voire des innovations déjà irremplaçables ?

Innover au XXIe siècle

Les quinze dernières années sont marquées par au moins quatre grandes innovations technologiques aux applications potentielles multiples.

Tout d'abord, les progrès de l'intelligence artificielle et du *machine learning* confèrent aux ordinateurs la capacité d'« apprendre » à partir de données, c'est-à-dire d'améliorer leurs performances à accomplir des tâches sans être explicitement programmés pour chacune. L'intelligence artificielle a une histoire longue, remontant au moins aux travaux d'Alan Turing dans les années 1930, mais les années 2010 marquent un tournant dans le développement d'un sous-domaine de l'intelligence artificielle appelé « apprentissage profond » (ou *deep learning*). Ces méthodes utilisent un réseau de neurones artificiel pour résoudre des tâches complexes et ont permis des progrès rapides dans plusieurs domaines, par exemple dans la reconnaissance faciale et vocale.

Par ailleurs, le progrès technologique a permis une chute massive des coûts de production pour les énergies renouvelables, ô combien salutaire pour la décarbonation de l'économie. Entre 2010 et 2019, le coût de production de l'électricité photovoltaïque a été divisé par cinq. L'éolien flottant et les réseaux électriques ont également fait des progrès spectaculaires, nécessaires à l'électrification des usages.

Venons-en à la troisième grande technologie émergente, la *blockchain*. Cette technologie de stockage et de transmission d'informations fonctionne sans autorité centrale, avec une transparence accrue et une traçabilité instantanée. En permettant de conclure des contrats sans tiers de confiance, la *blockchain* réduit les coûts de transaction et remet en cause le rôle traditionnel des banques et des institutions financières. L'avenir dira si la *blockchain* révolutionne ou non la finance.

Enfin et surtout, depuis novembre 2022, on assiste au déploiement à grande échelle des robots conversationnels. Le plus célèbre d'entre eux, ChatGPT, est accessible gratuitement à tous et avait déjà 100 millions d'utilisateurs dans le monde, moins de trois mois après son lancement ! Grâce à son modèle de langage, ChatGPT est intarissable : il peut composer un poème dans le style de votre choix, ou vous donner un cours de physique expliquant pourquoi le ciel est bleu.

La diffusion de ChatGPT auprès de centaines de millions d'utilisateurs peut sembler exceptionnelle, mais ce n'est que le tout début. Les progrès des agents conversationnels sont très rapides et ils sont déjà capables, par exemple, de passer des examens de droit, de philosophie et d'économie de niveau licence ou master. Moyennant quelques ajustements, toutes les professions ou presque peuvent probablement utiliser ChatGPT pour gagner en productivité. Il faudra des années pour pleinement intégrer les agents conversationnels dans nos économies et nos sociétés.

Les dernières décennies sont également riches d'innovations organisationnelles, avec notamment l'essor du modèle des « plateformes » de l'économie collaborative. La plateforme – c'est-à-dire l'intermédiaire – utilise des ressources en ligne pour faciliter les interactions entre consommateurs et travailleurs ou producteurs. Ce modèle s'applique dans des domaines toujours plus nombreux : la mobilité (Uber, Lyft, Bolt, BlaBlaCar), la musique (Homemuse), l'hôtellerie (Airbnb), la restauration (UberEats, Deliveroo, Instacart) ou encore l'allocation de tâches diverses à des travailleurs indépendants (Amazon Mechanical Turk, TaskRabbit, Upwork).

L'essor du e-commerce (Amazon), les progrès des technologies liées au télétravail (Zoom, Teams), ou encore le déploiement des processus de production au moindre coût à l'échelle planétaire, en divisant la production en étapes effectuées dans différents pays, voilà autant d'exemples d'innovations organisationnelles dont l'impact économique et sociétal est majeur (ce qui ne signifie pas, bien sûr, que ces changements soient nécessairement positifs ou porteurs de progrès social).

Enfin, du point de vue du consommateur final, la liste des innovations de produits au cours des quinze dernières années n'est pas en reste. Il y en a pour tous les goûts : smartphones, réseaux sociaux (Facebook, Twitter, Whatsapp, Instagram, Snapchat, Tiktok, etc.), systèmes de paiement (PayPal, Apple Pay, Google Pay, etc.), plateformes de distribution numérique de vidéos (Netflix) ou de musique (Spotify, Deezer), outils collaboratifs en ligne (Google Docs, Dropbox, GitHub), applications de rencontre (Grindr, Hinge, Tinder, etc.), outils éducatifs en ligne (Wikipédia, Khan Academy, OpenClassrooms), réalité virtuelle (Oculus Rift), voitures électriques et, bientôt peut-être, l'avion décarboné... Et c'est sans compter les innovations à destination de clients professionnels, par exemple les nouveaux lanceurs de fusées de SpaceX, qui ont réduit les coûts d'un facteur vingt !

Du ruissellement au rhizome

Les exemples qui précèdent illustrent l'infinie variété des champs d'application des innovations récentes. Les nouvelles technologies, notamment numériques, proviennent d'un nombre assez restreint de secteurs d'activité, mais elles peuvent être adoptées dans quasiment tous les autres secteurs. L'innovation est bien l'affaire de tous.

Un point, néanmoins, mérite précision. Les innovations à fort potentiel décrites jusqu'ici sont un peu comme l'arbre qui cache la forêt. Elles dissimulent un grand nombre d'innovations, plus incrémentales et circonscrites, par exemple une nouvelle bière artisanale, un nouveau parfum, un nouveau flacon de coloration capillaire, ou encore la digitalisation d'un service public désormais accessible en ligne. Il est tentant de considérer que de telles innovations sont anecdotiques et peu créatrices de valeur.

Pourtant, il existe des centaines de milliers d'innovations incrémentales de cette sorte, dans tous les secteurs. À tel point que les études statistiques montrent que, prises collectivement, ces innovations conduisent à des gains de productivité et de pouvoir d'achat très importants. L'arbre de l'innovation spectaculaire et médiatique ne doit donc pas cacher la forêt des produits innovants !

En outre, la plupart des innovations technologiques et organisationnelles doivent être intégrées dans les processus de production existants pour toucher le consommateur final, en lui offrant de meilleurs produits ou des prix plus faibles. Là aussi, le processus n'est pas forcément spectaculaire et le consommateur final ne saura peut-être jamais que ses gains de pouvoir d'achat viennent d'ajustements multiples de la chaîne logistique, ou que le meilleur contrôle qualité d'un produit a été rendu possible par une vague de numérisation.

À la lumière de ce bref tour d'horizon, il ressort que les maîtres mots de l'innovation sont le temps long, la diffusion et l'itération collective, à des échelles à la fois nationales et internationales, conduisant à des innovations parfois spectaculaires et souvent incrémentales. Les entrepreneurs, les chercheurs, les employés, les consommateurs, les régulateurs – tous doivent coopérer et travailler de concert pour que les innovations puissent essaimer à grande échelle.

Trop souvent, les observateurs du processus d'innovation mettent en avant le rôle de l'entrepreneur, perçu comme l'acteur central de l'innovation, qui initierait un processus de « ruissellement ». Comme si les innovations naissaient d'un moment entrepreneurial créatif et individuel, pour ensuite se diffuser de manière linéaire, du créateur vers les utilisateurs, pour ainsi dire « de haut en bas ».

La réalité est tout autre : les entrepreneurs jouent un rôle important, mais l'innovation est affaire de réseaux et d'itérations entre *tous* les acteurs. On ne saurait dire qu'un acteur est plus « central » qu'un autre, car les innovations constituent des systèmes complexes, avec des va-et-vient entre la recherche fondamentale, la recherche appliquée, les phases de commercialisation, une meilleure compréhension des besoins et des envies des consommateurs, l'amélioration en retour de la technologie initiale, etc.

C'est bien ce que montre l'histoire de toutes les grandes start-up, qui ont dû « pivoter » de nombreuses fois avant de trouver leur niche et de développer un produit à succès. C'est aussi ce que montrent les statistiques de productivité, qui évoluent de manière lente et continue et non pas par à-coups, comme cela devrait être le cas si la productivité bondissait après des moments créatifs révolutionnaires.

Finalement, pour résumer le processus d'innovation par une métaphore, il ne faut pas parler de ruissellement, mais plutôt de *rhizome*. Semblables à un réseau de racines, les rhizomes sont les tiges souterraines de certaines plantes vivaces (pommes de terre, riz, bambou, etc.). Leur structure a-centrée a inspiré les philosophes de la connaissance, Gilles Deleuze et Félix Guattari en tête. Ils ont développé le concept philosophique de rhizome pour désigner une structure évoluant en permanence, dans toutes les directions horizontales, et dénuée de niveaux et de centre. Dans un système rhizomique, il n'y a ni hiérarchie ni arborescence. Le réseau est non linéaire, chaque point est directement connecté à tous les autres. Chaque élément du rhizome peut potentiellement amener à une évolution de l'ensemble de la structure.

Oui, l'innovation est rhizomique : elle s'élabore simultanément à partir de tous les points de la société, sous l'influence réciproque des différents acteurs. C'est visible dans le quotidien des inventeurs, même les plus techniques, pour lesquels le travail en équipe est indispensable. C'est visible à l'échelle des entreprises, dont la main-d'œuvre doit être capable d'adopter les innovations à tous les niveaux du processus de production. C'est visible à l'échelle de la société dans son ensemble, qui doit accepter les innovations pour qu'elles puissent se diffuser.

Car les innovations suscitent toujours des résistances. Au début du XIXe siècle, les luddites brisaient les métiers à tisser ; les vaccins ARNm contre le Covid-19 ont provoqué des mouvements antivaccins ; la transition énergétique est menacée par le syndrome « nimbyste » de ceux qui s'opposent à l'implantation d'éoliennes dans leur voisinage. La capacité des sociétés à créer un consensus sur les innovations et leur diffusion est donc décisive.

CHAPITRE 2

Quand l'innovation nourrit les inégalités

Venons-en au cœur de notre diagnostic : l'innovation accroît-elle les inégalités et, si oui, comment ? À l'échelle des siècles, il est clair que l'innovation réduit les inégalités économiques par la prospérité matérielle qu'elle induit. Sans les innovations des deux cents dernières années, notre niveau de vie serait divisé par dix. La pauvreté serait bien plus répandue et les inégalités en termes de prospérité matérielle bien plus fortes qu'aujourd'hui, sans même parler des inégalités en termes d'espérance de vie[1].

En mettant de côté cette perspective historique de très long terme, analysons plutôt les dynamiques d'innovation sur les dernières années. Les innovations bénéficient-elles au plus grand nombre, sur le court ou le moyen terme, autant qu'elles le pourraient ? Pour le savoir, il nous faut analyser les quatre facettes du lien entre innovation et inégalités : via la constitution des hauts revenus et hauts patrimoines, via le pouvoir de marché de certaines entreprises, via le marché du travail et via le pouvoir

1. Nous prenons le parti de ne pas soulever plus avant la question philosophique et anthropologique du rapport aux inégalités et au travail dans les sociétés capitalistes, où les désirs matériels peuvent croître à l'infini.

d'achat. En l'occurrence, les inégalités les plus marquantes ne sont pas là où on les attend le plus.

Hauts patrimoines et hauts revenus

Au premier abord, l'impact le plus évident de l'innovation sur les inégalités semble avoir trait aux patrimoines.

En 2023, six personnes dans le monde détiennent une fortune de plus de 100 milliards de dollars. Quatre d'entre eux sont des entrepreneurs ayant fondé des entreprises technologiques innovantes aux États-Unis, avec un succès planétaire : Elon Musk (fondateur de Tesla, SpaceX, OpenAI et PayPal), Jeff Bezos (fondateur d'Amazon), Larry Ellison (fondateur d'Oracle Corporation, célèbre pour les systèmes de gestion de base de données et le langage de programmation Java) et Bill Gates (fondateur de Microsoft). Et l'homme le plus riche du monde, le Français Bernard Arnault, a fait fortune en faisant du groupe LVMH le numéro un mondial de l'industrie du luxe, un domaine où les innovations de produits sont la règle.

D'autres grands noms du capitalisme américain ne sont pas loin derrière, avec des fortunes de plus de 50 milliards de dollars pour Larry Page et Sergey Brin (cofondateurs de Google), Mark Zuckerberg (fondateur de Facebook, devenu Meta Platforms et ayant racheté d'autres réseaux sociaux à succès, dont Instagram et WhatsApp) et Jim et Rob Walton (héritiers de Walmart, la chaîne de centres commerciaux fondée par leur père dans les années 1960, qui a été à l'origine de plusieurs innovations logistiques).

Tout cela n'a vraiment rien de surprenant. Du fait des rendements d'échelle croissants qui caractérisent souvent les innovations modernes, le système de marché crée naturellement une situation de « *winner takes all* » (le gagnant rafle toute la mise). Pour nombre d'innovations, le coût de production unitaire baisse lorsque le nombre de consommateurs augmente, ce qui crée un cercle vertueux pour le leader sur le marché. Ces rendements d'échelle proviennent de différents facteurs, notamment du rôle des données des consommateurs s'agissant des innovations numériques.

Par exemple, la performance d'un moteur de recherche en ligne s'améliore au cours du temps, à mesure que les consommateurs font des requêtes, car on peut analyser la qualité des réponses apportées aux consommateurs et ajuster le moteur de recherche en conséquence. Cela permet d'améliorer la qualité du produit, donc d'attirer davantage de consommateurs, ce qui en retour permet de poursuivre les améliorations, et ainsi de suite.

Dans certains cas, les effets de réseaux jouent aussi à plein : si tout le monde utilise WhatsApp, j'ai moi-même intérêt à utiliser ce produit plutôt qu'un concurrent. Dans ces conditions, il est particulièrement difficile de remettre en cause les situations acquises, et l'entrepreneur à la tête de l'entreprise dominante pourra se constituer une rente durable.

Ces dynamiques ne sont pas limitées aux multimilliardaires et aux innovations les plus spectaculaires, loin de là. L'innovation joue un rôle majeur pour les ménages du top 1 % de la distribution des revenus, qui ont fréquemment des activités entrepreneuriales, lesquelles reposent typiquement sur des formes d'innovations incrémentales. À partir de bases de données fiscales qui permettent de suivre tous les contribuables américains, une étude montre que les activités entrepreneuriales sont une source prépondérante de revenus pour les plus aisés[1], ce qui leur permet ensuite de se constituer un patrimoine conséquent.

Dans le top 1 % de la distribution des revenus, environ 70 % des contribuables touchent des revenus issus de

1. Matthew Smith, Danny Yagan, Owen Zidar et Eric Zwick, « Capitalists in the Twenty-first Century », *The Quarterly Journal of Economics*, 134, n° 4, 2019, p. 1675-1745.

l'entrepreneuriat, un chiffre qui augmente encore pour les plus riches, atteignant 85 % pour le top 0,1 %. L'entreprise typique d'un entrepreneur du top 0,1 % détient un chiffre d'affaires de 20 millions de dollars et une centaine de salariés, dans une variété de domaines pas nécessairement technologiques, dont des activités de consulting, des cabinets d'avocat, des concessionnaires automobiles, etc. Sans être des succès planétaires, ces activités entrepreneuriales reposent bien sur l'innovation, car ces nouvelles entreprises tentent constamment d'adopter de nouvelles méthodes de production ou d'introduire de nouveaux produits pour supplanter leurs concurrents.

Ainsi, l'innovation et l'entrepreneuriat apparaissent comme la source première des hauts revenus et des hauts patrimoines, c'est-à-dire des inégalités économiques. C'est du moins le cas lorsque l'on analyse la distribution des revenus de manière statique, dans une perspective de court terme. La situation est bien plus nuancée lorsque l'on prend en compte les dynamiques de revenus et de patrimoines au cours du temps[1].

Car l'innovation permet souvent de remettre en cause des situations acquises. Par leurs nouveaux produits ou méthodes de production, les nouveaux acteurs peuvent faire vaciller les acteurs dominants. Aussi, sans innovations, sans entrepreneuriat, les situations acquises seraient davantage figées et les rentes de situation plus durables.

Prenons l'exemple de l'agent conversationnel ChatGPT, développé par la start-up OpenAI. Son arrivée va peut-être remettre en cause la position dominante de Google sur les moteurs de recherche et les outils de navigation Internet. Avec le soutien financier de Microsoft, OpenAI est parvenu à mettre au point des modèles de langage plus perfectionné que Google,

1. Philippe Aghion, Ufuk Akcigit, Antonin Bergeaud, Richard Blundell et David Hémous, « Innovation and Top Income Inequality », *The Review of Economic Studies*, 86, n° 1, 2019, p. 1-45.

qui tente aujourd'hui de répliquer avec le robot conversationnel Bard, avec jusqu'ici un succès limité. La fortune des cofondateurs de Google, Sergey Brin and Larry Page, a baissé de 110 à 75 milliards au cours de l'année d'introduction sur le marché de ChatGPT[1].

D'ailleurs, à l'échelle de quelques décennies, la forte variabilité des grandes fortunes est la norme. Une liste des 400 individus avec les plus hauts patrimoines est dressée chaque année par le magazine américain *Forbes* : moins de 10 % des individus apparaissant sur la liste en 1983 y sont encore en 2023[2].

Par ailleurs, l'analyse des données fiscales aux États-Unis montre que les très hauts revenus et très hauts patrimoines sont dans une très grande majorité des innovateurs-entrepreneurs qui ont connu une forte ascension sociale, c'est-à-dire que leurs parents étaient loin d'être aussi fortunés. Sans innovation, tout porte à croire que les très hauts revenus et très hauts patrimoines seraient davantage tirés par la rente et l'héritage[3].

Les effets de l'innovation sur les hauts revenus et les hauts patrimoines et les inégalités sont donc nuancés. D'un côté, l'innovation conduit à un phénomène de concentration des richesses par la logique des rendements d'échelle ; de l'autre, cette concentration n'est parfois que temporaire et l'innovation pourrait même accroître la mobilité intergénérationnelle, en réduisant le rôle de l'héritage. En somme, l'innovation contribue à une hausse des inégalités à court terme, mais pas à long terme, dès lors que les positions ne restent pas figées.

1. Cette baisse est aussi due pour partie à la remontée des taux d'intérêt en 2022 et 2023, qui a fait plonger les valeurs boursières des géants de la tech.
2. Matthieu Gomez, « Decomposing the Growth of Top Wealth Shares », *Econometrica*, 91, n° 3, 2022.
3. Nous analyserons les origines des innovateurs dans le chapitre suivant et constaterons que, même si l'innovation diminue le rôle de l'héritage au sommet de la distribution des revenus, le milieu social reste déterminant pour les carrières des innovateurs.

Innovations et pouvoir de marché

Pour mieux comprendre sous quelles conditions les positions restent ou non figées, il nous faut examiner les dynamiques d'entreprises et la constitution d'un pouvoir de marché pour les plus grandes d'entre elles, qui sont souvent les plus innovantes. Les dernières décennies ont été marquées par la hausse du taux de profit des plus grandes entreprises et par une plus forte concentration des parts de marché, à l'échelle mondiale.

Cela tient au fait que les nouvelles technologies de l'information et de la communication (Internet, digitalisation, réseaux sociaux, etc.) créent des rendements d'échelle et des effets de réseaux qui bénéficient aux plus grandes entreprises. Ces entreprises acquièrent ainsi des situations dominantes, par exemple les GAFAM (Google, Amazon, Facebook, Apple, Microsoft) aux États-Unis ou les BATX (Baidu, Alibaba, Tencent, Xiaomi) en Chine.

Cette tendance est à l'œuvre très généralement, bien au-delà des géants de la tech. Des travaux statistiques aux États-Unis et en Europe mettent en évidence une concentration accrue des entreprises au cours des vingt dernières années dans tous les secteurs, qui est tirée par les entreprises avec de forts gains de productivité[1]. Les entreprises qui innovent – ou adoptent les innovations créées par d'autres – peuvent réduire leurs coûts ou offrir des produits de meilleure qualité, ce qui leur permet d'accroître leur part de marché. L'innovation leur permet de devenir plus productives et de s'imposer comme leaders du marché.

Faut-il s'inquiéter de cette concentration accrue ? Elle va de pair avec une hausse de la productivité et une hausse du pouvoir d'achat pour les consommateurs, ce dont on ne peut que se

1. David Autor, David Dorn, Lawrence F. Katz, Christina Patterson et John Van Reenen, « The Fall of the Labor Share and the Rise of Superstar Firms », *The Quarterly Journal of Economics*, 135, n° 2, 2020, p. 645-709.

réjouir. Mais elle induit aussi un risque de baisse des taux d'innovation. En effet, les entreprises dominantes – c'est-à-dire avec des parts de marché plus élevées – ont des incitations plus faibles à innover via un effet de « cannibalisation » de leur marché existant.

Un acteur en situation dominante a des incitations économiques faibles à innover, car la plupart des consommateurs achètent déjà ses produits : nul besoin de faire mieux pour attirer davantage de clients. *A contrario*, lorsque les parts de marché sont moins concentrées, chaque acteur a des incitations pour se différencier par l'innovation et ainsi ravir des clients à ses concurrents.

Préserver les incitations à innover représente un enjeu économique colossal. Selon une étude, la baisse des incitations à innover, du fait de la hausse de la concentration du marché ces dernières décennies, aurait réduit le taux de croissance annuel de la productivité de 0,1 point en France, soit un manque à gagner de 2,6 milliards d'euros de PIB additionnel chaque année, et de 0,3 point aux États-Unis, soit 67 milliards d'euros par an[1]. Ces pertes sont cumulatives et atteignent rapidement des niveaux stratosphériques : environ 140 milliards de PIB en cumulé sur dix ans en France, soit à peu près 65 milliards de recettes fiscales. De quoi combler bien des déficits publics !

Au-delà de leur pouvoir économique, les leaders du marché peuvent acquérir un pouvoir politique très important. Les études mettent en exergue les tentatives des leaders technologiques de mettre des bâtons dans les roues de leurs concurrents par des activités de lobbying, qui leur permettent d'influencer la réglementation pour créer des barrières à l'entrée et « verrouiller » leurs marchés[2]. Par exemple, les acteurs dominants combattent la portabilité et

1. Maarten De Ridder, « Market Power and Innovation in the Intangible Economy », *American Economic Review*, 2023.

2. Ufuk Akcigit, Salomé Baslandze et Francesca Lotti, « Connecting to Power : Political Connections, Innovation, and Firm Dynamics », *Econometrica*, 91, n° 2, 2023, p. 529-564.

l'interopérabilité des données : sous couvert de défense de la vie privée des utilisateurs, il s'agit en fait d'empêcher les nouveaux entrants d'avoir accès aux données pour améliorer leurs algorithmes. Il y a là un risque économique et, plus largement, démocratique.

Ainsi, par la concentration accrue des parts de marché qu'elle induit, l'innovation pourrait bien être son propre fossoyeur. Il faut regarder ce risque avec lucidité, sans toutefois l'exagérer. En effet, dans bien des cas, l'innovation permet encore à de nouveaux acteurs d'entrer sur le marché et de remettre en cause des positions dominantes, même certaines qui semblaient imprenables. C'est ce qu'illustre le robot conversationnel d'OpenAI : la start-up fait trembler le géant Google, en s'appuyant sur les financements d'un autre géant, Microsoft.

Organiser un marché qui promeut l'entrée de nouveaux acteurs reste la meilleure manière d'empêcher que des rentes de situation se constituent à long terme et que le marché soit figé. Tout porte à croire que les parts de marché sur une longue période sont moins concentrées grâce aux innovations émanant des start-up, qui permettent de rebattre les cartes.

Ainsi, l'innovation peut conduire à un pouvoir de marché accru, ce qui constitue un risque sur l'évolution de la productivité, voire un risque démocratique. Néanmoins, si le marché fonctionne bien, ce pouvoir de marché n'est que temporaire. Les autorités de régulation de la concurrence ont une mission essentielle, celle de s'assurer que les nouveaux entrants ne soient pas exclus du marché.

Innovations et emplois

L'innovation détruit-elle nos emplois ? C'est en tout cas une vision assez répandue. De nombreuses voix s'élèvent pour alerter sur les perspectives d'automatisation des tâches et sur les robots, qui viendraient voler leurs emplois aux travailleurs. Les prévisions cataclysmiques sont légion, certains annonçant par exemple que la moitié des emplois pourraient plus ou moins disparaître d'ici quelques années.

Ces craintes semblent à première vue fondées. De nombreuses innovations permettent d'automatiser une partie du processus de production ou de rendre certains travailleurs plus productifs, de sorte que les besoins en main-d'œuvre soient réduits.

C'est d'ailleurs un processus bien visible dans plusieurs pans de l'économie au cours des siècles derniers. L'agriculture, par exemple, est devenue très intensive en capital et en intrants (machines, engrais, etc.), qui ont permis d'augmenter la productivité et de réduire drastiquement la main-d'œuvre. La part de la population active travaillant dans le secteur agricole a chuté continûment en France au cours du siècle dernier, de 45 % en 1900 à 7 % en 1980, atteignant même 1,5 % en 2019. Les métiers et les qualifications des exploitants ont totalement changé au cours de cette période.

Pour autant, cette immense transformation de l'agriculture et de l'allocation de la main-d'œuvre au cours du siècle dernier n'a pas conduit à une hausse du chômage. D'autres secteurs se sont développés, notamment l'industrie, y compris agroalimentaire, puis plus tard les services.

Les innovations récentes nous offrent-elles des perspectives similaires ? On pourrait craindre que la robotisation et l'intelligence artificielle se déploient très rapidement et conduisent à des disparitions massives d'emplois. Certains ont d'ailleurs formulé l'hypothèse que la robotisation aurait des effets très faibles sur la productivité agrégée et aurait pour vocation première d'augmenter le taux de profit, en réduisant la part de la valeur ajoutée dévolue aux travailleurs. En même temps, les gains de productivité permis par ces nouvelles technologies pourraient bien maintenir l'emploi en augmentant la demande des consommateurs.

Prenons l'exemple des distributeurs automatiques de billets, qui commencent à se diffuser à grande échelle aux États-Unis à partir des années 1980. À l'évidence, les distributeurs automatiques remplacent une partie des tâches auparavant confiées aux guichetiers de banque ; on pourrait donc prédire une baisse des effectifs dans cette profession. Et pourtant, on observe tout l'inverse : le nombre de guichetiers et caissiers a augmenté plus rapidement que la population active.

La raison ? Les distributeurs automatiques ont permis de réduire les coûts de fonctionnement des agences bancaires ; aussi les banques qui installent des distributeurs automatiques ont-elles pu ouvrir plus d'agences et embaucher davantage. Dans le même temps, les tâches confiées aux employés de banque ont évolué, avec moins de tâches routinières liées à la distribution de billets et davantage de compétences interpersonnelles, au service de la relation avec les clients. Jean Fourastié l'avait dit mieux que quiconque : « La machine conduit l'homme à se spécialiser dans l'humain. »

L'exemple des distributeurs de billets est-il une exception ? Pas le moins du monde : des dizaines d'équipes de chercheurs ont analysé les évolutions de l'emploi dans les entreprises qui adoptent des technologies d'automatisation, notamment les robots. En France, aux États-Unis, au Canada, au Royaume-Uni, au Danemark ou en Espagne, toutes les études parviennent à la même conclusion, *a priori* surprenante : les entreprises qui automatisent augmentent leurs effectifs salariés.

Plus surprenant encore : on observe aussi une hausse des effectifs parmi les salariés les moins qualifiés. La figure 1 illustre ce résultat pour la France : on observe que l'emploi non qualifié augmente par suite des investissements de l'entreprise dans l'automatisation[1]. L'automatisation permet de réduire les coûts

1. Philippe Aghion, Céline Antonin, Simon Bunel et Xavier Jaravel, « Modern Manufacturing Capital, Labor Demand, and Product Market Dynamics : Evidence from France », Insee, 2023. Pour s'assurer qu'il s'agit bien d'une relation de cause à effet, l'étude analyse des chocs sur les prix des technologies d'automatisation. Ainsi, la relation observée ne provient pas de variables omises, comme une hausse de la demande qui pourrait provoquer à la fois une hausse de l'emploi et de l'investissement dans des technologies d'automatisation.

de production et par la suite les prix de vente, ce qui accroît la demande des consommateurs, donc les ventes et *in fine* les effectifs salariés de l'entreprise, y compris les moins qualifiés. En d'autres termes, l'effet de « hausse de la demande » est plus fort que l'effet de « remplacement des tâches ».

Empiriquement, c'est la hausse des ventes sur le marché domestique ainsi que la hausse des exportations qui expliquent la hausse de la main-d'œuvre. On observe également que les salaires restent stables et que les inégalités n'augmentent pas au sein des entreprises qui automatisent.

FIGURE 1. Hausse de l'emploi non qualifié dans les entreprises qui investissent dans les technologies d'automatisation

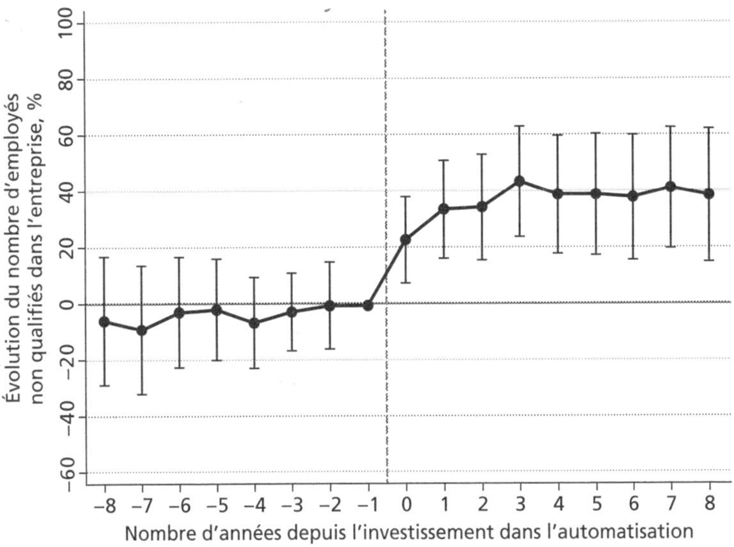

Lecture : cette figure montre l'évolution du nombre d'employés non qualifiés à la suite d'investissements dans l'automatisation, étudiés par Aghion, Antonin, Bunel et Jaravel en 2023. Deux ans après ces investissements, la hausse des effectifs salariés non qualifiés est de 35 %. La figure montre l'évolution moyenne et l'intervalle de confiance à 95 %. L'analyse couvre les entreprises du secteur industriel en France, entre 1996 et 2017.

Bien sûr, ce résultat ne reflète que des tendances moyennes et ne signifie pas qu'il n'y ait pas d'effets négatifs sur l'emploi pour certaines technologies. Par exemple, les innovations organisationnelles dans la logistique tendent à réduire les besoins en main-d'œuvre. Mais il est bien difficile d'identifier de tels cas avec certitude ; et, en moyenne, l'effet sur l'emploi est bien positif.

L'étude des dynamiques de l'emploi au niveau de l'entreprise pourrait néanmoins être trompeuse. En effet, il se pourrait bien que la hausse des effectifs salariés pour les entreprises qui automatisent se fasse au détriment de celles qui n'automatisent pas. Ces dernières pourraient par exemple être conduites à la faillite, puisqu'elles sont moins productives sans automatisation. Auquel cas, l'effet total sur l'emploi pourrait bien être négatif.

Là encore, les études peuvent surprendre : l'effet total reste positif lorsque l'on analyse les données au niveau d'un secteur ou d'un bassin d'emploi. Les secteurs qui investissent davantage dans l'automatisation – par exemple le secteur agroalimentaire – sont ceux où les effectifs salariés augmentent plus rapidement.

Pour ne retenir qu'un exemple résumant toutes ces tendances, pensons à l'Allemagne. L'Allemagne est un pays dont l'industrie est beaucoup plus robotisée que la France ; c'est aussi le pays qui a le mieux préservé son industrie et notamment l'emploi industriel, qui est bien plus élevé qu'en France en part de la population active ; enfin, l'industrie allemande dégage un fort excédent commercial. Conclusion : automatiser ou robotiser permet d'augmenter la productivité, de gagner des parts de marché à l'international et *in fine* de mieux préserver l'emploi.

Peut-être paradoxalement, les pays qui négocient le mieux les transitions technologiques modernes, comme l'Allemagne, sont ceux qui parviennent à adopter ces technologies plus rapidement. Ils accroissent ainsi leurs parts de marché à l'international et préservent mieux l'emploi.

À ce stade, un bémol s'impose. Toutes les études citées jusqu'ici portent sur des technologies datant des vingt dernières années. Le futur pourrait être fort différent. Les effets des nouvelles technologies sur l'emploi au cours des vingt dernières années étaient principalement déterminés par l'automatisation et la robotisation, qui consistent à confier à la machine certaines tâches routinières. Les révolutions du *machine learning* et des robots conversationnels comme ChatGPT ont fondamentalement changé les types de métiers ciblés par les nouvelles technologies.

Désormais, ce sont les métiers les plus qualifiés – avec des compétences analytiques et cognitives poussées – qui sont en première ligne face à la vague d'automatisation. Les algorithmes parviennent aujourd'hui à réaliser des diagnostics médicaux très précis, par exemple pour l'analyse de radios ; ChatGPT peut rédiger des articles de presse, des actes juridiques, voire des romans, sans parler de l'écriture de programmes informatiques ; d'autres algorithmes comme Dall-E sont capables de créer des images à partir de description textuelle, une révolution pour le monde de l'art et de la publicité.

Les médecins, journalistes, avocats, juristes, écrivains, développeurs et artistes ne sont pas des exemples isolés. Les analyses statistiques montrent que les 10 % les plus aisés sont en moyenne deux fois plus exposés à l'automatisation par l'intelligence artificielle que les 10 % les plus modestes[1]. Il y a par ailleurs beaucoup d'hétérogénéité au sein d'une même catégorie de revenus dans le degré d'exposition à l'automatisation algorithmique. En d'autres termes, tout porte à croire qu'il y aura de nombreux gagnants et perdants sur le marché du travail en tout point de la distribution du revenu – et probablement davantage au sommet de la distribution, ce qui pourrait laisser présager une baisse des inégalités de revenus.

1. Michael Webb, « The Impact of Artificial Intelligence on the Labor Market », Stanford University, 2019 ; Tyna Eloundou, Sam Manning, Pamela Mishkin et Daniel Rock, « GPTs Are GPTs : An Early Look at the Labor Market Impact Potential of Large Language Models », arXiv, 2023.

Nul ne peut se prononcer avec certitude sur l'impact qu'aura ChatGPT sur la productivité des travailleurs. Mais plusieurs signes sont encourageants. Par exemple, une expérience randomisée sur des tâches d'écriture (courriels, communiqués de presse, synthèses) montre que l'utilisation de ChatGPT augmente fortement la productivité moyenne tout en réduisant les inégalités, c'est-à-dire que les gains de productivité sont plus forts pour les travailleurs dont les performances de base sont moins bonnes.

Ainsi, il apparaît clairement que l'innovation ne se déploie pas systématiquement au détriment des moins qualifiés. Au contraire, l'automatisation des vingt dernières années semble avoir eu peu d'effet sur les inégalités, tout en suscitant une hausse de la demande de travail grâce aux gains de productivité, tandis que les innovations de demain vont davantage cibler les travailleurs très qualifiés. Il n'y a pas d'indice d'un biais systématique de l'innovation à l'encontre des moins qualifiés : l'innovation et l'automatisation ne sont pas une lutte des classes…

Cela étant constaté, il ne faut pas nier l'évidence : de nombreuses « innovations » dans les processus de production dégradent les conditions de travail. Par exemple, Amazon a déposé un brevet pour un bracelet électronique connecté afin de surveiller l'activité de ses salariés dans ses entrepôts ! Néanmoins, ces cas se révèlent heureusement trop rares pour avoir des effets macroéconomiques sur les inégalités. Cela ne veut pas dire, bien sûr, qu'il ne faille pas les combattre, au contraire ; mais l'approche à adopter est celle du cas par cas, non une condamnation globale de la technologie.

Pour qui innovons-nous ?

Les effets les plus forts de l'innovation sur les inégalités sont peut-être là où on les attend le moins : du côté des consommateurs.

Regardons autour de nous. Les innovations qui ciblent les plus riches ne manquent pas. L'émergence du tourisme spatial dans le monde anglo-saxon en est emblématique, promu par Jeff Bezos, Elon Musk ou encore Richard Branson. Les plateformes de l'économie collaborative sont souvent mises au service des besoins des plus riches, notamment pour leur faire gagner du temps. Uber offre désormais des trajets en hélicoptères (« Uber Copter ») pour permettre d'échapper aux embouteillages, un service en forte croissance à New York et São Paulo. D'Instacart à Deliveroo, une foultitude d'applications permet la livraison de produits à domicile à toute heure du jour et de la nuit.

Même dans l'agroalimentaire, un domaine qui concerne *a priori* tout le monde, les marchés sont segmentés et les envies des plus riches guident les dynamiques d'innovation. L'essor impressionnant des produits bio, qui gagnent des parts de marché partout en Europe et aux États-Unis, le montre bien. Les progrès du bio s'expliquent par de nombreuses innovations qui réduisent les coûts de production, par exemple la technologie de sertissage à rouleaux ou les engrais organiques naturels réalisés à partir de matière première végétale ou animale. Pour autant, les produits bio restent très chers et tout à fait hors de portée des ménages modestes.

À l'évidence, il existe aussi des exemples d'innovations qui ciblent un public très large. Les réseaux sociaux sont adoptés dans toutes les strates de la société. Les innovations technologiques pour la transition énergétique doivent permettre la décarbonation au service de tous. L'automobile, l'avion, l'ordinateur, Internet ou encore les smartphones n'ont-ils pas d'abord ciblé les plus aisés, avant de se diffuser dans la société tout entière ?

Sur ce point, prenons garde à ce que les innovations les plus spectaculaires ne nous induisent pas en erreur dans notre diagnostic. Rappelons-nous que l'arbre de l'innovation médiatique ne doit pas cacher la forêt des innovations incrémentales. Les gains de productivité et de pouvoir d'achat liés aux innovations reposent essentiellement sur l'adoption par tous les secteurs d'un grand nombre d'innovations incrémentales. Les innovations organisationnelles et les nouvelles méthodes de production doivent être adoptées par les entreprises pour *in fine* bénéficier au consommateur final, et ces investissements ne se feront que si le marché est suffisamment attractif. Certes, plusieurs produits ont commencé avec les ménages aisés et ont « ruisselé » vers la classe moyenne, voire vers toute la société. Mais il s'avère que ces exemples sont l'exception plutôt que la règle.

C'est ce que nous disent les chiffres de la productivité américaine. Plusieurs études indiquent que, au cours des dernières décennies aux États-Unis, les gains de productivité ont été plus élevés pour les produits qui ciblent les ménages aisés. C'est vrai lorsque l'on analyse des produits qui appartiennent au même secteur, avec par exemple le rôle des produits bio pour l'alimentation ; mais aussi, beaucoup plus largement, lorsque l'on compare des secteurs spécialisés dans les produits de première nécessité ou dans les produits de luxe[1].

Comment expliquer ce phénomène ? Cela tient aux incitations économiques : l'innovation suit les marchés en croissance. Dans un marché en croissance, il est plus facile de gagner des parts de marché et de rentabiliser les coûts fixes de l'innovation – par exemple, investir dans la numérisation ou l'automatisation de la chaîne de production. Du fait de la hausse des inégalités aux États-Unis depuis les années 1970, la taille du marché des

1. Les différences d'innovation et de gains de productivité selon les revenus des consommateurs sont documentées par Xavier Jaravel, « The Unequal Gains from Product Innovations : Evidence from the U.S. Retail Sector », *The Quarterly Journal of Economics*, 134, n° 2, 2019 ; Timo Boppart, Franziska Weiss, « Non-Homothetic Preferences and Industry Directed Technical Change », *SSRN Electronic Journal*, 2013 ; et Diego Comin, Danial Lashkari et Marti Mestieri, « Structural Change in Innovation », Esade, 2022.

produits consommés par les ménages aisés s'accroît plus vite, et c'est par conséquent sur ces marchés que les innovateurs focalisent leurs efforts.

Ainsi, les incitations économiques favorisent la diffusion et l'adoption des innovations, notamment numériques, sur des marchés qui contribuent à l'accroissement du pouvoir d'achat des ménages américains les plus aisés. La hausse des inégalités de revenus conduit à une amplification des inégalités de niveaux de vie en redirigeant l'innovation vers les produits de luxe. Dans une économie où le pouvoir d'achat des plus modestes stagne, ce qui a été le cas de l'économie américaine pendant des décennies, les plus modestes ne voient jamais la couleur de ces innovations.

Ces dynamiques ont un effet tout à fait conséquent sur les inégalités économiques aux États-Unis. Pour le comprendre, arrêtons-nous un instant sur la mesure du niveau de vie à travers l'indice des prix (c'est-à-dire le coût de la vie). Du fait de leur biais en faveur des catégories de produits de luxe, les innovations conduisent à une baisse de l'indice des prix à la consommation pour les ménages aisés par rapport aux ménages modestes.

En effet, les innovations réduisent les prix des produits existants ou permettent l'introduction de nouveaux produits de meilleure qualité pour leur prix de revient. D'où une hausse du pouvoir d'achat qui est mesuré dans les statistiques par une baisse de l'indice des prix pour les plus aisés, les premiers ciblés par les innovations. Rien de tel pour les ménages modestes, dont le coût de la vie est en fait plus élevé que selon les statistiques officielles, puisqu'ils ne bénéficient pas autant des innovations qui arrivent sur le marché.

Pour avoir une idée de l'effet global de ces tendances sur les inégalités, on doit donc ajuster l'indice des prix américains, dont la version de base ne prend pas en compte les divergences d'inflation entre ménages. Selon ces ajustements, les innovations ont amplifié la hausse des inégalités aux États-Unis d'environ un tiers entre 2004 et 2018[1]. Au cours de cette période, le niveau de vie des ménages américains les 20 % les plus modestes a *diminué* de 7 %, tandis que celui des 20 % les plus aisés augmentait de 17 %, comme le montre la figure 2. Sans les ajustements de prix, on conclurait à tort que le niveau de vie des ménages américains les plus modestes a stagné, alors qu'il a en fait baissé.

FIGURE 2. La hausse des inégalités aux États-Unis par les effets de l'innovation sur les prix

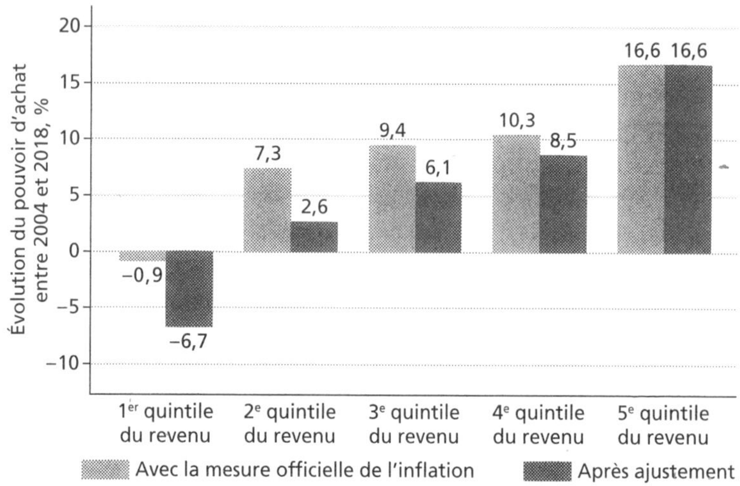

Lecture : cette figure montre l'évolution du pouvoir d'achat aux États-Unis par quintiles de revenus. La mesure dite « officielle » ne prend pas en compte les changements de prix hétérogènes entre quintiles, contrairement à la mesure ajustée à partir de l'analyse des dynamiques d'innovation et de prix.

1. Christophe Wimer, Sophie Collyer et Xavier Jaravel, « The Costs of Being Poor : Inflation Inequality Leads to Three Million More People in Poverty », *The Groundwork Collaborative*, 2019.

Ainsi, les innovations sont guidées par la taille du marché, et c'est là la principale raison pour laquelle les innovations contribuent à la hausse des inégalités de niveaux de vie, du moins dans certains pays comme les États-Unis. *A contrario*, un pays comme la France, où la distribution des revenus est restée stable ces dernières décennies, n'est pas autant sujet à cette dynamique d'amplification des inégalités par l'innovation. Le cas des États-Unis illustre que le ruissellement des innovations génératrices de pouvoir d'achat dans toute la société n'a rien d'automatique : il dépend des incitations économiques.

On voit donc bien que, dans une économie de marché, rien ne garantit que les innovations bénéficient à la classe moyenne, encore moins aux plus modestes ou pauvres. Même dans des pays où les inégalités sont stables, comme la France, les innovations ne bénéficient pas à tous. C'est le cas dans le domaine médical, où les maladies dites « rares » sont les laissées-pour-compte de l'innovation. Ces maladies touchent moins de 5 personnes sur 10 000 – par exemple la drépanocytose, qui occasionne un retard du développement de l'enfant, ou la progéria, qui provoque un vieillissement accéléré.

Dans de tels cas, le marché est d'ampleur trop faible pour susciter des investissements privés dans la R&D (recherche et développement) et l'innovation, faute de perspectives de retours sur investissements. Pour autant, il y a de très nombreuses maladies rares ; à tel point qu'environ 3 millions de personnes en France en sont atteintes, soit environ le nombre de malades du cancer. Cette logique est très générale : en l'absence d'un marché solvable, il n'y aura pas d'innovation. Alors, que faire ?

CHAPITRE 3

Les boussoles de l'innovation

Pour comprendre quelles innovations peuvent voir le jour dans les économies de marché modernes, il nous faut analyser plus avant quatre facteurs essentiels : les incitations financières, mais aussi les motivations intrinsèques des innovateurs, le rôle de l'État et la capacité d'adoption des innovations par le plus grand nombre.

Taille du marché et commerce international

Revenons à la taille du marché. Pourquoi s'agit-il d'un déterminant central de l'innovation ? Cela tient en premier lieu aux incitations financières. L'innovation suppose des coûts fixes importants, qu'il s'agisse d'inventer un nouveau produit, avec les coûts de R&D, ou d'adopter une nouvelle technologie, avec les coûts d'ajustement de l'appareil de production. Ces investissements permettent de réduire les coûts de production ou d'améliorer la qualité pour chaque unité produite. En vendant suffisamment, c'est-à-dire dans un marché vaste, l'innovateur peut couvrir ses coûts fixes – sans quoi l'innovation ne sera pas financée !

Prenons l'exemple de l'Airbus A350, un avion de ligne long-courrier pouvant accueillir jusqu'à 480 passagers. Cet avion se distingue par un fuselage extra-large et par l'usage de matériaux composites pour limiter son poids et réduire les besoins en carburant. Son développement a nécessité un investissement de 12 milliards d'euros, sur une dizaine d'années. Assemblés à Blagnac, en proche banlieue de Toulouse, les appareils sont vendus partout dans le monde pour la bagatelle de 320 millions d'euros l'unité. Les compagnies aériennes françaises ont fait l'acquisition de seulement 4 % des appareils, loin derrière Singapour, les États-Unis, la Chine ou le Qatar. Autant dire que l'A350 n'aurait eu aucune chance de voir le jour sans un marché mondial.

Et ce n'est pas là un cas limité à l'aéronautique ; le marché international est la norme pour les industries innovantes, y compris lorsque l'innovation n'est pas technologique. Par exemple, s'agissant du luxe, LVMH réalise 94 % de ses ventes hors de l'Hexagone.

Mais un point mérite précision. Certes, lorsque le marché est vaste, il semble plus aisé de rentabiliser ses investissements dans l'innovation au vu du nombre de consommateurs. Mais un marché plus vaste va également attirer de nouveaux concurrents, qui peuvent s'arroger des clients fidèles et donc réduire la taille du marché effectivement accessible.

Plus que de la taille du marché en tant que telle, les incitations financières à l'innovation résultent d'un *accroissement* de la taille du marché. Lorsque la demande augmente, les innovateurs vont se bousculer au portillon pour devancer leurs concurrents et empocher les profits. C'est là ce que montre l'analyse statistique[1], et c'est bien pourquoi la hausse des inégalités aux

1. Xavier Jaravel, « The Unequal Gains from Product Innovations : Evidence from the US Retail Sector », *The Quarterly Journal of Economics*, 134, n° 2, 2019 ; Charles I. Jones, « Time Series Tests of Endogenous Growth Models », *The Quarterly Journal of Economics*, 110, n° 2, 1995, p. 495-525.

États-Unis biaise les innovations en faveur des marchés ciblant les consommateurs les plus fortunés, dont les dépenses augmentent plus rapidement.

Cette remarque n'est pas anodine : si c'était la taille du marché qui guidait l'innovation, plutôt que son accroissement, alors la classe moyenne serait toujours la grande gagnante de l'innovation, car elle reste le marché le plus conséquent.

Outre les incitations financières, une seconde raison explique le rôle de la taille du marché : les rendements d'échelle technologiques. Les innovations s'améliorent généralement à l'usage – plus on produit avec une nouvelle technologie, plus on est capable de l'exploiter à son plein potentiel, voire de l'améliorer. C'est le cas des plateformes numériques, avec les effets de réseaux et l'amélioration de la performance des algorithmes à mesure que les données deviennent plus accessibles.

Mais c'est aussi le cas pour l'innovation industrielle. En la matière, l'exemple le plus frappant est celui des semi-conducteurs, que l'on trouve au cœur de tous nos appareils électroniques (ordinateurs, système GPS de nos véhicules, etc.). L'innovation en matière de semi-conducteurs consiste à les rendre plus petits : la dernière génération fait à peine cinq nanomètres. Cette miniaturisation permet de placer davantage de transistors sur une puce électronique et ainsi d'améliorer les performances, tout en réduisant la consommation d'énergie. Les rendements d'échelle sont tels que 90 % du marché mondial des semi-conducteurs de dernière génération est détenu par *une seule* entreprise, la Taiwan Semiconductor Manufacturing Company (TSMC).

En concentrant la production sur un seul site, les gains de productivité sont considérables. Bien sûr, cela n'est pas sans poser problème, car la concentration extrême des semi-conducteurs conduit à la fragilité des réseaux internationaux de production. Il suffit d'un incident technique sérieux dans les fonderies de TSMC – sans même imaginer une crise géopolitique à Taïwan – pour déstabiliser l'industrie automobile partout dans le monde, avec des millions d'emplois à la clé...

Pour résumer le lien entre innovation et taille du marché, retenons un chiffre : on estime qu'une hausse de la taille du marché de 10 % induit une baisse des prix pour les consommateurs d'environ 3 % grâce aux innovations et gains de productivité. Qu'il s'agisse de croissance démographique, des revenus ou d'ouverture commerciale, la croissance de la taille du marché tire la productivité.

Il est particulièrement important de le rappeler pour les pays dont le marché intérieur n'est pas très vaste, ce qui est le cas de tous les pays européens pris individuellement, dont la France. La donne est en revanche différente pour les États-Unis ou la Chine, qui peuvent se satisfaire de leurs immenses marchés intérieurs. Cette contrainte de la taille du marché est une donnée essentielle avec laquelle doivent composer les politiques d'innovation que nous définirons plus loin.

La sociologie sélective des innovateurs

Indépendamment de tout facteur financier, la sociologie des innovateurs joue aussi un rôle structurant pour les innovations qui arrivent sur le marché. À tel point que certains consommateurs ou salariés sont des laissés-pour-compte de l'innovation.

Les innovateurs, notamment les entrepreneurs, sont engagés dans des activités commerciales qui devraient être guidées par la rationalité économique, recherche du profit en tête. C'est effectivement le cas – le rôle de la taille du marché le montre bien –, mais les innovateurs sont avant tout des personnes ancrées dans leur société et leur environnement familial, avec une trajectoire de vie qui a défini leurs idées, leurs goûts, leurs aspirations et leurs rêves.

L'histoire regorge d'exemples qui montrent que de grandes innovations sont indubitablement liées à l'identité sociale et au vécu de leur créateur. Au début du XIXe siècle, Louis Braille invente un nouveau système d'écriture à l'usage des personnes aveugles ou malvoyantes. Son alphabet tactile à six points, le braille, est désormais utilisé dans le monde entier. C'est à tout juste 18 ans que Louis Braille met au point ce système révolutionnaire, rendant plus compactes et flexibles les techniques antérieures. Braille était lui-même frappé de cécité depuis l'âge de 5 ans, des suites d'un accident dans l'atelier de son père bourrelier. Tout porte à croire qu'aucune innovation comparable n'aurait émané d'un inventeur n'ayant pas lui-même connu la cécité.

Autre exemple, quelques décennies plus tard : l'invention du lave-vaisselle aux États-Unis. Nous sommes à la fin du XIXe siècle et Josephine Cochrane, une Américaine aisée, aime recevoir. Son personnel s'occupe de laver la vaisselle, mais ne cesse d'ébrécher les plats. La maîtresse de maison n'a qu'une idée en tête : confier cette tâche à une machine. Selon la légende, elle se serait exclamée : « Si personne ne veut inventer de machine à laver la vaisselle, je le ferai moi-même ! » Bien que n'ayant pas de formation technique, elle recrute une équipe et, après quelques difficultés, dépose un brevet pour son lave-vaisselle, qui lui vaut un prix à l'Exposition universelle de 1893. Josephine Cochrane est aujourd'hui reconnue comme l'une des plus grandes innovatrices de l'histoire des États-Unis, intronisée au National Inventor Hall of Fame en 2006. Elle avait de qui tenir : son arrière-grand-père, John Fitch, fut le concepteur du premier bateau à vapeur enregistré aux États-Unis !

En somme, l'idée innovante ou entrepreneuriale naît souvent en faisant directement l'expérience d'un besoin ou d'un problème à résoudre. Si ceux qui innovent ne sont pas représentatifs de la société dans son ensemble – c'est-à-dire de ses problèmes et aspirations –, les innovations sont biaisées en faveur d'une minorité, celle des privilégiés qui innovent.

Pour mieux saisir l'importance du problème, décomposons-le en deux étapes. Première étape : quelle est la sociologie des innovateurs ? Quelques cas emblématiques portent à croire que les innovateurs sont généralement issus de milieux socio-économiques privilégiés. Par exemple, le père d'Elon Musk aurait été le détenteur d'une mine d'émeraudes.

Des travaux statistiques récents permettent de mesurer précisément les origines des innovateurs, en retenant plusieurs définitions de l'innovation – entrepreneurs, détenteurs de brevets ou encore chercheurs – et en analysant plusieurs pays *a priori* très différents, comme les États-Unis et la France. Quels que soient les définitions retenues et le pays considéré, le constat est le même : la probabilité d'innover est fortement conditionnée par le milieu social et familial.

La figure 3 montre ce phénomène pour les États-Unis et la France. Sur le panel (a), aux États-Unis, les individus dont les parents sont dans le top 1 % de la distribution des revenus ont une probabilité dix fois plus élevée de devenir innovateurs (ici mesurée par l'obtention d'un brevet), comparés à ceux dont les parents sont en dessous de la médiane du revenu. Dans le même ordre d'idées, les populations afro-américaines et hispaniques ont trois fois moins de chances de devenir innovatrices, comparées aux Blancs non hispaniques. Sans analyser en détail à ce stade les facteurs qui expliquent ces différences, il faut noter que ces écarts perdurent même à résultats scolaires équivalents[1]. Il n'y a donc pas d'innovateur *self made* : le milieu social joue à plein.

1. Alex Bell, Raj Chetty, Xavier Jaravel, Neviana Petkova, et John Van Reenen, « Who Becomes an Inventor in America ? The Importance of Exposure to Innovation », *The Quarterly Journal of Economics*, 134, n° 2, 2019, p. 647-713.

FIGURE 3. Le rôle du milieu social dans les carrières d'innovateurs

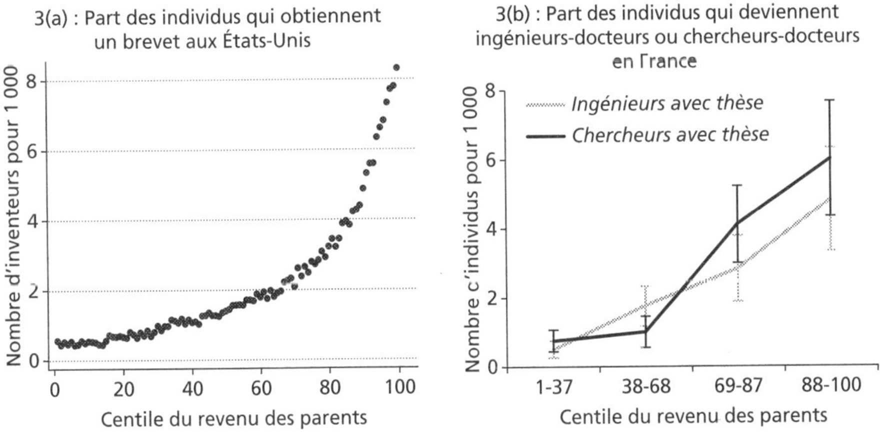

Lecture : le panel (a) de cette figure montre la part des individus aux États-Unis qui obtiennent un brevet selon le revenu des parents. Le panel (b) montre la part des individus en France qui deviennent ingénieurs-docteurs ou chercheurs-docteurs selon le revenu des parents.

Le genre conditionne également la probabilité d'innover : 83 % des inventeurs détenteurs de brevets aux États-Unis en 2019 étaient des hommes. La part des femmes augmente certes au cours du temps : elle n'était que de 4,5 % en 1976. Mais à ce rythme, il faudra encore cent treize ans avant d'atteindre la parité !

Le panel (b) de la figure 3 montre que la situation est aussi préoccupante en France qu'aux États-Unis, ici en analysant la part des individus qui deviennent ingénieurs-docteurs ou chercheurs-docteurs en fonction du milieu social. D'autres études parviennent à des conclusions similaires en Finlande et en Suède.

Le fait qu'il existe des différences liées au milieu social n'est pas surprenant : il est bien connu que les économies modernes sont loin d'avoir une mobilité sociale parfaite. Mais l'ampleur de ces différences est frappante, si élevée que ce sujet devrait être inscrit en haut de l'agenda des politiques d'innovation, comme nous le verrons dans les prochains chapitres.

Si les femmes, les minorités et les individus issus de familles modestes sont l'exception parmi les innovateurs, quelles sont les conséquences pour les dynamiques d'innovation ? C'est la deuxième étape de notre raisonnement : analyser s'il existe des différences systématiques en termes de produits ou d'emplois créés selon l'identité sociale ou le milieu socio-économique de l'innovateur.

Les exemples de Louis Braille et Josephine Cochrane suggèrent qu'il y a bien un lien entre identité sociale et types d'innovation, mais s'agit-il de cas anecdotiques ? Après tout, les plus grandes innovations des dernières décennies – par exemple Internet, le smartphone, les plateformes de l'économie collaborative ou même ChatGPT – semblent cibler tous les consommateurs. Il nous faut ici éviter un écueil : en se focalisant sur les innovations les plus médiatiques, perçues comme révolutionnaires, on perd le fil des innovations incrémentales.

Ce sont pourtant ces dernières, nous l'avons vu, qui tirent l'évolution globale de la productivité. Elles appliquent à des marchés spécifiques les innovations technologiques ou organisationnelles révolutionnaires, en se focalisant sur des cibles de marché bien définies. Il est fort possible que, dans ce cadre, les facteurs sociologiques soient de premier ordre, même si aucun exemple spectaculaire ne vient à l'esprit.

Que disent les statistiques sur la forêt des innovations incrémentales ? Le constat est clair : les innovateurs se tournent vers des consommateurs qui leur ressemblent et, en sus, embauchent des salariés qui leur ressemblent[1]. C'est systématiquement le cas, que l'on se place du point de vue de la classe sociale, du sexe ou de l'âge.

Prenons l'exemple d'une innovation emblématique de ces dernières années : les applications pour smartphones aux États-Unis. Lorsque le créateur de l'application est une femme, l'usage

1. Elias Einiö, Josh Feng et Xavier Jaravel, « Social Push and the Direction of Innovation », document de travail, *Social Science Research Network*, n° 3383703, 2023.

de l'application par des femmes est 30 % plus élevé que lorsque le créateur est un homme. Lorsqu'en outre le *venture capitalist* qui finance l'application est une femme (ce qui arrive très rarement), l'usage par les femmes est près de 50 % plus élevé.

Ces tendances ne sont pas limitées aux smartphones et se retrouvent dans les statistiques de l'entrepreneuriat innovant pour d'autres secteurs, aux États-Unis comme en Finlande. Une étude examine la relation entre l'origine sociale des entrepreneurs et leurs consommateurs. Plus l'innovateur est issu d'une famille aisée, plus il aura tendance à exercer ses activités dans des secteurs ciblés sur les ménages aisés, par exemple les *fintech* pour les gros patrimoines, plutôt que dans des marchés de masse comme la grande distribution.

L'étude met en évidence une relation analogue du point de vue des employés : les entrepreneurs issus de familles fortunées ont tendance à recruter des employés d'un milieu social similaire. Quand on sait combien les start-up créent d'emplois et combien elles tirent la croissance du pouvoir d'achat, on voit bien comment ces phénomènes peuvent fortement amplifier les inégalités.

Ainsi, dans le rhizome de l'innovation, l'*homophilie* règne en maître. Les créateurs, leurs employés et leurs consommateurs se ressemblent, et ils sont loin d'être représentatifs de la société dans son ensemble. C'est pourtant ce réseau qui sculpte petit à petit l'avenir de nos économies et sociétés par une myriade de choix qui affinent et améliorent les innovations. Et c'est bien ce processus qui, *in fine,* détermine les priorités de nos efforts collectifs d'innovation.

Ce processus se déroule au service de certains idéaux, ceux des innovateurs d'aujourd'hui. Leur portrait-robot : un homme blanc d'âge mûr, issu d'un milieu social favorisé, et qui ne partage pas toujours les idéaux du reste de la population. En matière de transition écologique, par exemple, tout porte à croire que cet enjeu motive davantage les inventrices. Les femmes ont un taux de brevets « verts » près de trois fois supérieur à celui des hommes !

La sociologie sélective des innovateurs est donc à la fois un problème et un levier central pour promouvoir l'innovation inclusive. Avant de voir comment nous en saisir, il nous faut mieux comprendre la place d'un autre acteur : la sphère publique.

Le champ de l'action publique

En matière d'innovation, le champ de l'action publique est immense. La liste des politiques publiques qui orientent l'innovation est à n'en plus finir, comme le montre la figure 4.

Ce buissonnement de leviers a de quoi effrayer : chacun pourrait occuper des dizaines d'experts toute leur vie durant ! D'autant plus que ces dispositifs sont pilotés par des acteurs publics multiples (administrations et agences publiques, collectivités locales) dans le cadre de politiques publiques dont le champ est beaucoup plus vaste que l'innovation.

Cela montre bien qu'un enjeu central de la politique d'innovation est la coordination de nombreux acteurs publics, qui doivent s'accorder au diapason d'une vision commune, au service d'objectifs de long terme. Comme l'innovation est affaire de diffusion au long cours dans toute l'économie et la société, les politiques d'innovation doivent être portées dans la durée, avec une cohérence d'ensemble, sans quoi elles sont vouées à l'échec. Pour y parvenir, un premier enjeu est de hiérarchiser et de fixer les priorités.

D'abord, on peut remarquer que les modes d'intervention de la puissance publique dans l'innovation se regroupent en trois grandes catégories : la capacité de la population à innover ou adopter les innovations (c'est-à-dire, en langage économique, le « capital humain ») ; le financement de l'innovation ; enfin, l'organisation du marché. Ensuite, pour un pays donné, il faut comprendre les lignes de force de la politique d'innovation telle qu'elle existe dans l'écheveau institutionnel du pays en question, en s'interrogeant sur leur adéquation avec les fins poursuivies.

FIGURE 4. Les formes de l'intervention publique dans l'innovation

Catégorie d'intervention publique	Politiques publiques	Rôle et fonctions pour l'innovation
Capital humain	Éducation et formation	Permettre la création, l'adoption et la diffusion des innovations grâce au capital humain, via l'enseignement primaire, secondaire et supérieur, et la formation continue
	Politique d'immigration	Attirer les talents dans les entreprises nationales innovantes
Incitations financières	Subventions aux entreprises innovantes	Réduire les coûts de l'innovation
	Régulation des investissements en capital-risque	Financer les start-up à fort potentiel
	Incitations fiscales pour les épargnants	Orienter l'épargne vers l'innovation pour réduire les coûts de financement
	Propriété intellectuelle	Conférer un droit de propriété sur les innovations afin qu'elles puissent être monétisées tout en devenant publiques
	Fiscalité directe sur les entreprises et les particuliers	Fixer les incitations financières à innover
	Fiscalité indirecte, dont TVA	La fiscalité indirecte pèse sur les prix, donc sur la taille du marché, qui détermine les incitations financières à innover
	Minima sociaux et indemnisation des chômeurs	Fournir des filets de sécurité pour les fondateurs et employés d'entreprises innovantes malheureuses
	Organisation et financement de la recherche publique et privée	Favoriser la création des connaissances qui irriguent l'innovation

Catégorie d'intervention publique	**Politiques publiques**	**Rôle et fonctions pour l'innovation**
Organisation du marché	Politique commerciale	Fixer le niveau d'intégration dans le marché mondial et régional, c'est-à-dire la taille du marché
	Commande publique	Accroître la taille du marché pour les entreprises innovantes
	Droit de la concurrence	Déterminer si un acteur innovant abuse de sa position dominante
	Politique d'infrastructure	Fixer le cadre pour l'innovation en matière de télécommunication, d'énergie, de transports routiers, ferroviaires et fluviaux, etc.
	Politique de défense	Financer l'innovation militaire
	Politiques sectorielles et régulation des nouvelles technologies	Promouvoir l'innovation dans des domaines précis (comme la santé, le climat et l'industrie) et fixer le cadre dans lequel les innovations peuvent se déployer
	Politique de renseignement	Combattre l'espionnage technologique par des puissances étrangères
	Politique étrangère	Façonner une image du pays attractive pour les investisseurs internationaux
	Politiques macroéconomiques	L'inflation, les taux d'intérêt et la croissance du marché intérieur sont des déterminants fondamentaux de l'innovation

Même si de nombreuses différences existent entre pays, les quarante dernières années sont marquées par des tendances assez claires dans les pays occidentaux. La politique d'innovation a fait la part belle au financement de l'innovation, avec des crédits d'impôts et des subventions directes, ainsi qu'à l'élargissement des marchés dans le cadre d'une mondialisation de plus en plus décriée aujourd'hui. *A contrario*, l'investissement dans l'éducation et la recherche publique a eu tendance à décliner.

Ces dernières décennies, les États ont privilégié les subventions non ciblées, plutôt que de favoriser l'innovation dans certains secteurs. Il y a quelques exceptions à la règle : par exemple, certains États vont davantage subventionner certaines technologies émergentes particulièrement prometteuses, comme l'intelligence artificielle. Et une majorité accordera un traitement de faveur à deux grands sujets, la santé et le changement climatique, où il existe un consensus quant au fait que l'investissement privé est insuffisant au regard des besoins. Même si les subventions à l'innovation sont le levier majeur utilisé par les États, il faut bien noter que ces dépenses sont très faibles par rapport à l'ensemble des dépenses publiques, notamment par rapport aux dépenses sociales à vocation assurantielle (santé et retraite).

En d'autres termes, les États dépensent relativement peu en matière d'innovation et osent rarement orienter l'innovation vers des secteurs spécifiques. Voilà qui a de quoi surprendre, quand on sait combien les innovations déterminent la trajectoire de nos économies et sociétés à long terme. Le cas de la France illustre parfaitement ces tendances. La politique d'innovation consiste en une dizaine de milliards d'euros de subventions et crédits d'impôts. À titre de comparaison, les dépenses publiques annuelles s'élèvent à 1 500 milliards d'euros, dont 225 milliards pour la santé et 320 milliards pour les retraites…

Sur ces 10 milliards annuels de soutien à l'innovation, le dispositif le plus important est de très loin le crédit d'impôt recherche (CIR), d'un montant de 7 milliards, qui permet de réduire les impôts des entreprises à hauteur de 30 % de leurs dépenses d'innovation (par exemple les salaires des chercheurs). Ce dispositif a la caractéristique d'être neutre du point de vue de l'orientation de l'innovation, c'est-à-dire qu'il subventionne au même taux toutes les entreprises qui déclarent innover, quels que soient les tenants et aboutissants de ces innovations. Le CIR a beaucoup augmenté ces dernières décennies après plusieurs réformes, notamment celle de 2008 qui a fait doubler son montant. Malgré de nombreuses analyses attestant de sa faible efficacité[1], le CIR reste aujourd'hui l'instrument principal de la politique d'innovation en France – un triomphe de l'inertie.

Au CIR s'ajoute toute une série de dispositifs qui soutiennent parfois l'innovation dans des domaines précis. Par exemple, le plan France 2030, lancé en 2021, dispose de 54 milliards d'euros pour accélérer l'innovation d'ici à la fin de la décennie dans certains domaines clés, notamment la transition écologique, l'intelligence artificielle et la santé. Ces plans sont élaborés par les administrations, en concertation avec les filières industrielles et sous la supervision directe des plus hautes autorités politiques du pays.

Notons au passage que ce processus ne s'accompagne pas d'un débat citoyen (et à peine d'un débat parlementaire), malgré la nature fondamentalement politique de tels choix. C'est un processus en petit comité associant des hauts fonctionnaires, quelques hommes politiques et quelques capitaines d'industries, dont la sociologie est tout aussi sélective que celle des innovateurs, c'est-à-dire tout aussi peu représentative de la population dans son ensemble.

1. Philippe Aghion, Nicolas Chanut, et Xavier Jaravel, « Renforcer l'impact du crédit d'impôt recherche », Focus du Conseil d'analyse économique, 2022 ; et Antoine Comte-Bellot, Louis de Crevoisier, « La fiscalité de l'innovation : améliorer l'efficacité des dispositifs existants, poursuivre leur évaluation », Rapport particulier pour le Conseil des prélèvements obligatoires, 2021.

En somme, le financement de l'innovation est aujourd'hui l'alpha et l'oméga de la politique d'innovation en France et dans la plupart des pays occidentaux. Voilà un point à garder en tête : nous nous interrogerons plus loin sur la pertinence de perpétuer l'axe prioritaire de la politique d'innovation telle qu'elle existe aujourd'hui, ou au contraire d'en dégager un nouveau.

L'éducation, clé de la diffusion des innovations

Après la taille du marché, la sociologie des innovateurs et le financement public, le quatrième pilier de l'innovation est le niveau général d'éducation d'un pays. On pense bien sûr à la formation des meilleurs chercheurs et ingénieurs, nécessaire pour l'innovation dans les domaines de pointe. C'est un immense défi pour les pays à faibles revenus, qui ne parviennent pas forcément à accompagner leurs jeunes à hauts potentiels. Par exemple, ceux qui excellent aux Olympiades internationales de mathématiques n'auront pas toujours la possibilité de faire un doctorat, faute d'opportunité dans leur pays[1]. C'est autant de chercheurs et d'innovateurs perdus !

Mais le rôle de l'éducation est loin d'être limité à la formation des experts les plus techniques. Comme l'innovation est surtout affaire de diffusion et d'itérations graduelles, l'essentiel est la capacité de la population *dans son ensemble* à adopter les nouvelles technologies, qui dépend du niveau d'éducation général. On le voit dans les chiffres macroéconomiques et dans les études statistiques, qui révèlent le rôle central de la performance éducative d'un pays pour sa productivité et sa prospérité matérielle.

1. Ruchir Agarwal et Patrick Gaule, « Invisible Geniuses : Could the Knowledge Frontier Advance Faster ? », *American Economic Review : Insights*, 2, n° 4, 2020, p. 409-424.

Par exemple, la moitié des écarts de PIB par habitant entre pays s'explique par des différences de capital humain[1]. S'agissant de la France, selon une étude[2], le capital humain expliquerait les trois quarts des gains de productivité entre 1975 et 2020, avec notamment la hausse de l'accès à l'enseignement supérieur durant cette période. Une autre étude, celle-ci microéconomique, analyse les effets d'un plan de plusieurs milliards d'euros pour créer plus de 300 nouvelles institutions d'enseignement supérieur (universités, écoles d'ingénieurs, institut universitaire professionnalisé) sur tout le territoire français dans les années 1990. Cette étude montre que la hausse de la main-d'œuvre qualifiée a permis une augmentation des créations d'entreprises et de la productivité du travail[3]. Enfin, on observe que les secteurs avec la croissance de la productivité la plus forte sont ceux dont la main-d'œuvre a les meilleures compétences à la fois analytiques et sociales[4].

Pour compléter l'analyse des séries statistiques sur la productivité, plusieurs études ont examiné la diffusion de technologies spécifiques. Elles parviennent aux mêmes conclusions sur le rôle central de l'éducation. Par exemple, au cours de la période 1980-2000

1. Benjamin F. Jones, « The Human Capital Stock : a Generalized Approach », *American Economic Review*, 104, n° 11, 2014, p. 3752-3777 ; Lutz Hendricks et Todd Schoellman, « Human Capital and Development Accounting : New Evidence from Wage Gains at Migration », *The Quarterly Journal of Economics*, 133, n° 2, 2018, p. 665-700.

2. Vincent Aussilloux, Bruneau Catherine, Girard Pierre-Louis et Mavridis Dimitris, « Le rôle du capital humain dans le ralentissement de la productivité en France », *Note de synthèse France Stratégie*, 2020.

3. Elio Nimier-David, « Local Human Capital and Firm Creation : Evidence from the Massification of Higher Education in France », document de travail, 2023.

4. Maria Guadalupe, Xavier Jaravel, Thomas Philippon et David Sraer, « Cap sur le capital humain pour renouer avec la croissance de la productivité », Note du Conseil d'analyse économique, 2022.

aux États-Unis, l'adoption de l'ordinateur a été plus rapide dans les villes et les secteurs bénéficiant d'une main-d'œuvre davantage éduquée et qualifiée. Même constat en Norvège dans les années 2000, s'agissant de l'adoption de l'Internet à haut débit par les entreprises.

Le rôle de l'éducation explique aussi pourquoi il est difficile d'organiser des transferts de technologies conçues dans des pays à hauts revenus, adaptées à une population davantage éduquée, vers des pays à plus faibles revenus, où le niveau général est plus faible.

Un point mérite qu'on s'y arrête : pour adopter les nouvelles technologies, tout n'est pas affaire de compétences mathématiques et analytiques. Il faut aussi être capable de travailler en équipe et de savoir coordonner le changement dans les comportements de tous les acteurs de l'organisation, qu'il s'agisse d'une PME ou d'une grande entreprise. Les nouvelles technologies bousculent les habitudes de travail, un processus qui passe par des négociations constantes pour que chacun(e) accepte de s'ajuster. Aussi, toute une série de compétences non intellectuelles – que l'on appelle parfois « compétences socio-comportementales » ou « compétences sociales » – jouent un rôle essentiel dans la diffusion des innovations.

Au-delà des impacts économiques, l'éducation est notre meilleure alliée pour faire un usage réfléchi des innovations. Certaines innovations posent des problèmes de société majeurs. Les réseaux sociaux peuvent susciter l'engouement sur bien des points, mais ils provoquent aussi de l'addiction, détériorent la santé mentale et conduisent à la polarisation des opinions publiques. On peut et l'on doit réguler, encadrer, limiter les réseaux sociaux pour traquer les *fake news* et protéger les mineurs. Mais rien ne remplacera vraiment la capacité de chacun à faire preuve de discernement pour décider par soi-même de l'usage à privilégier. Aussi l'éducation a-t-elle un rôle central à jouer pour favoriser un usage raisonné des innovations chez les plus jeunes.

Pourtant, force est de constater que l'éducation est loin d'être au centre du débat sur l'innovation. La raison en est simple : l'éducation produit ses effets à long terme, ce qui ne retient pas l'attention des plus pressés, obnubilés par d'autres priorités plus court-termistes.

CHAPITRE 4

Le sens des priorités

Jusqu'ici, le fonctionnement de notre système d'innovation semble conduire à l'amplification d'inégalités préexistantes et à la concentration du pouvoir de décision au sein d'une élite entrepreneuriale (et parfois administrative) qui n'est pas représentative de la population. L'innovation est avant tout guidée par le marché et ses rendements d'échelle, tandis que ces dernières années l'État s'est désengagé d'un pilotage actif de l'innovation pour se focaliser sur les subventions accordées aux acteurs privés qui innovent. Comment faire face à cette dynamique néfaste et, à tout prendre, antidémocratique ?

Il serait tentant de conclure qu'il nous faut parcourir le chemin inverse, avec une intervention accrue de l'État. Dans les pays occidentaux, le débat public sur l'évolution des politiques d'innovation se concentre d'ailleurs sur quatre axes, qui tous donnent davantage de poids à l'État : taxer les innovateurs, mieux accompagner les « perdants », taxer certaines technologies, planifier l'innovation dans un cadre protectionniste.

Pourtant, nous allons voir que ces propositions se révèlent soit insuffisantes, soit contreproductives, et souvent court-termistes. En somme, des priorités bien surprenantes !

Taxer les riches ?

Lorsque l'on parle de combattre les inégalités, le réflexe premier est d'aller ponctionner l'argent là où il se trouve : chez les plus fortunés. Pourquoi ne pas augmenter l'imposition des très hauts revenus et des très hauts patrimoines, dont on a vu au troisième chapitre qu'ils résultent souvent d'activités d'innovation et d'entrepreneuriat ? Après tout, cela devrait mécaniquement permettre de récupérer une partie de la manne de l'innovation et de réduire les inégalités de revenus et de patrimoines. Cette logique peut sembler imparable.

Mais, à bien y réfléchir, placer la taxation des riches au cœur de la stratégie pourrait en fait se révéler contreproductif du point de vue des finances publiques, de l'innovation et, en tout cas, tout à fait insuffisant au vu de l'ampleur de l'enjeu. Voici pourquoi.

En premier lieu, une hausse des impôts réduit les incitations financières à l'activité économique – qu'il s'agisse d'innover, mais plus généralement d'investir, de faire des heures supplémentaires ou d'essayer d'obtenir rapidement une promotion, sans même parler d'optimisation ou d'évasion fiscale. Il est théoriquement possible que l'imposition décourage l'activité économique à tel point que cela provoque (peut-être paradoxalement) une baisse des rentrées fiscales. D'où l'adage « trop d'impôt tue l'impôt », voire tue l'innovation.

Mais peut-être n'est-ce là qu'un cas théorique. Les acteurs économiques ajustent-ils vraiment leurs comportements en pratique ? Dans les pays où les taux de prélèvements obligatoires sont déjà élevés, comme en France ou dans les pays scandinaves, courrons-nous oui ou non le risque que trop d'impôt tue réellement l'impôt ?

Comme le sujet est très controversé, pour ne pas dire polémique, il faut l'analyser cliniquement : quels sont les faits ? Les réformes récentes portant sur les hauts revenus ou hauts patrimoines ont-elles conduit à une hausse ou à une baisse des rentrées fiscales ? Répondre à cette question suppose d'analyser l'effet *causal* des changements de fiscalité. Et autant dire que cela n'est pas simple : les individus touchés par une hausse de la fiscalité font souvent partie de secteurs d'activité ou de professions très spécifiques, par exemple la finance ou les professions libérales. C'est-à-dire que les individus concernés sont sur des trajectoires de revenus très particulières et qu'il est difficile de trouver un « groupe témoin » pour déterminer ce qu'il se serait passé sans réforme fiscale.

La bonne nouvelle, c'est que plusieurs études, notamment au Danemark et en France, sont parvenues à surmonter ces difficultés statistiques. En substance, certaines réformes peuvent être analysées avec des outils d'analyse économétrique pour isoler un effet causal, car ces réformes ne touchent pas tout le monde au sein des hauts revenus (par exemple lorsqu'il existe un « bouclier fiscal ») ou portent sur des sources de revenus très spécifiques, de sorte que l'on peut malgré tout trouver un groupe témoin. Plusieurs équipes de chercheurs parviennent à la même conclusion : oui, il existe bien un niveau d'imposition au-delà duquel l'État réduit ses rentrées fiscales. Ce niveau est relativement élevé, mais proche des taux déjà pratiqués en France et dans les pays scandinaves.

On peut retenir deux chiffres. S'agissant des revenus du travail, le niveau de prélèvements obligatoires (toutes sources confondues, impôts directs, cotisations sociales, TVA) au-delà duquel une hausse d'impôts réduit les rentrées fiscales est de l'ordre de 60 à 70 % pour les ménages à hauts revenus[1]. Pour

1. Les taux de 60 à 70 % sont obtenus avec des élasticités de 0,21 à 0,33 et une distribution Pareto avec un paramètre de forme de 2, en suivant les travaux d'Emmanuel Saez, « Using Elasticities to Derive Optimal Income Tax Rates », *The Review of Economic Studies*, 68, n° 1, 2001, p. 205-229 ; Raj Chetty, « Bounds on Elasticities With Optimization Frictions : A Synthesis of Micro and Macro Evidence on Labor Supply », *Econometrica*, 80, n° 3, 2012, p. 969-1018 ; et Henrik Jacobsen Kleven, Esben Anton Schultz, « Estimating Taxable Income Responses Using Danish Tax Reforms », *American Economic Journal : Economic Policy*, 6, n° 4, 2014, p. 271-301.

les revenus du capital (à nouveau, toutes formes d'imposition confondues), ce taux est de l'ordre de 30 à 40 %[1].

Il faut bien garder en tête que ces chiffres proviennent d'études microéconomiques, qui estiment un effet causal au niveau individuel et non pas la réaction de l'économie dans son ensemble. En particulier, ils ne prennent pas en compte les dynamiques d'innovation, notamment celles relevant des rendements d'échelle. Une hausse de l'impôt réduit l'activité économique, c'est-à-dire que la taille du marché diminue, donc l'innovation va diminuer (voir le chapitre 2). C'est pourquoi, au-delà de la taxation des revenus des innovateurs, l'innovation dépend du système fiscal dans son ensemble. Selon l'analyse macroéconomique, les effets de l'imposition sur l'innovation (via la taille du marché) conduisent à une baisse d'environ dix points du taux d'imposition au-delà duquel l'État commence à perdre de l'argent en taxant davantage[2].

La France se situe déjà au-delà de ces seuils, lorsque toutes les formes d'imposition sont prises en compte, dont la TVA. Une étude montre empiriquement que les rentrées fiscales ont chuté lorsque la France a augmenté l'imposition des dividendes pour les hauts revenus en 2013. Tout miser sur la taxation des plus riches pourrait donc être contreproductif : en sabordant l'assiette fiscale, on réduit ses marges de manœuvre pour la redistribution

1. Les taux de 30 à 40 % sont obtenus avec des élasticités de 1 à 1,5 et une distribution Pareto avec un paramètre de forme de 1,5, en suivant les travaux de Katrine Jakobsen, Kristian Jakobsen, Henrik Kleven et Gabriel Zucman, « Wealth Taxation and Wealth Accumulation : Theory and Evidence from Denmark », *The Quarterly Journal of Economics*, 135, n° 1, 2020, p. 329-388 ; Marius Brülhart, Jonathan Gruber, Matthias Krapf et Kurt Schmidheiny, « Behavioral Responses to Wealth Taxes : Evidence from Switzerland », *American Economic Journal : Economic Policy*, 14, n° 4, 2022, p. 111-150.

2. Xavier Jaravel et Alan Olivi, « Prices, Non-homotheticities, and Optimal Taxation », document de travail, *Social Science Research Network*, n° 3383693, 2022.

et le financement des services publics, au risque de voir les inégalités augmenter.

Bien sûr, les analyses empiriques sont toujours sujettes à caution et il se peut qu'à l'avenir de nouveaux dispositifs fiscaux permettent de taxer davantage sans forcément réduire l'assiette fiscale, par exemple la taxation des multinationales ou des formes spécifiques de taxation des multimilliardaires.

Cependant, avec les outils fiscaux dont nous disposons, tout porte à croire que placer la taxation des riches au cœur de la stratégie de lutte contre les inégalités aurait un coût pour les finances publiques. Les partisans de cette stratégie le reconnaissent d'ailleurs volontiers et expliquent qu'il peut être dans l'intérêt de la collectivité de détruire une partie de l'assiette fiscale – en somme, ce serait le prix à payer pour réduire les inégalités[1]. Un prix bien élevé lorsqu'il existe des stratégies alternatives à même de réduire les inégalités tout en faisant croître la base fiscale, que nous développerons plus loin.

Mettons de côté le risque sur les finances publiques. Il n'en reste pas moins que la taxation des riches semble une approche pour le moins insuffisante, si l'on veut changer la donne pour les inégalités nées de l'innovation. Et ce pour deux raisons.

Tout d'abord, les montants en jeu sont inversement proportionnels à leur surface médiatique. Les ordres de grandeur sont très instructifs en la matière. Supposons que l'on instaure une taxation du patrimoine financier, par exemple similaire à celle qui existait en France avant 2017. N'est-ce pas là un outil très puissant pour réduire les inégalités ? Il s'avère que l'on parle en fait de montants de l'ordre de 3 milliards d'euros, c'est-à-dire une manne à redistribuer de 50 euros par an et par Français.

On peut bien sûr espérer inventer des outils beaucoup plus ambitieux, mais même les versions les plus optimistes ne

1. Emmanuel Saez, Gabriel Zucman, *Le Triomphe de l'injustice. Richesse, évasion fiscale et démocratie*, Paris, Seuil, 2020.

changent pas la face du monde. Par exemple, en supposant que l'activité économique ne s'ajuste pas du tout – ce qui semble hautement improbable –, la taxation des milliardaires pourrait rapporter de l'ordre de 15 à 20 milliards d'euros chaque année.

A contrario, agir à la racine pour rediriger l'innovation pourrait avoir un effet autrement plus important sur les inégalités, car les masses budgétaires en jeu sont beaucoup plus importantes. Nous le verrons plus loin : le ralentissement de la productivité en France ces dernières années coûte 140 milliards de PIB à la France, soit 65 milliards de recettes fiscales annuelles. C'est vingt-deux fois l'ISF !

La taxation des riches se révèle insuffisante pour une seconde raison : elle laisse les rapports de force largement inchangés. Même avec des taux d'imposition très élevés, les milliardaires resteraient des dizaines de milliers de fois plus fortunés que la moyenne. Nous l'avons dit, un problème essentiel est que les choix d'innovation sont faits par une élite entrepreneuriale qui n'est pas représentative du plus grand nombre. Y remédier suppose d'aller au-delà d'une approche corrective ponctionnant la rente sur les innovations qui ont vu le jour. Cela suppose de donner voix au chapitre au plus grand nombre dans le processus même d'innovation, selon des modalités que nous allons développer dans les prochains chapitres.

Il y a bien sûr de nombreuses raisons de vouloir faire évoluer l'imposition des hauts revenus et des hauts patrimoines. C'est un symbole politique très fort, et pour beaucoup un impératif de justice. Mais c'est aussi un point de fixation commode, qui polarise le débat et nous empêche de nous doter d'autres priorités, plus ambitieuses et efficaces. L'outil fiscal n'est tout simplement pas à la hauteur des enjeux posés par les dynamiques d'innovation, et jouer davantage sur ce levier semble assez risqué dans le cas français, étant donné les taux déjà élevés sur la plupart des revenus.

Instaurer un revenu universel ?

Que l'on taxe ou non davantage les entrepreneurs, un autre sujet essentiel consiste à mieux aider les victimes collatérales du processus d'innovation. Par exemple, lors de la campagne présidentielle de 2020 aux États-Unis, l'un des principaux candidats à l'investiture du parti démocrate, Andrew Yang, proposait l'instauration d'un revenu universel de 1 000 dollars par mois pour anticiper une vague de disparition massive d'emplois du fait de l'automatisation de la production. Cette proposition flamboyante a eu le mérite de retenir l'attention du grand public. Mais, à y regarder de plus près, elle n'est pas recevable pour trois raisons.

D'abord, la disparition massive d'emplois via l'automatisation n'est pas une crainte justifiée. Comme évoqué au chapitre 3, l'immense majorité des études microéconomiques ne trouvent pas que les besoins en effectifs salariés s'effondrent à cause de l'automatisation, au contraire. Et sur le plan macroéconomique, on observe une baisse continue du chômage au cours de la dernière décennie dans les pays occidentaux – depuis 2010 aux États-Unis, depuis 2013 dans l'Union européenne, et depuis 2015 en France –, alors que la robotisation et les algorithmes sont en pleine croissance.

Par ailleurs, nous avons vu au chapitre 2 que les prochaines vagues technologiques allaient davantage concerner les cols blancs. À supposer que ceux-ci perdent leurs emplois, cela conduirait plutôt à une baisse des inégalités.

Venons-en au deuxième point. Admettons par hypothèse qu'il y ait bien une disparition massive des emplois. Un revenu universel de 1 000 dollars par mois constituerait alors une réponse évidemment beaucoup trop faible et totalement sous-dimensionnée par rapport à l'enjeu. Ce serait prendre acte du fait qu'une partie de la population se trouverait sans emploi, sans autre perspective que de vivre de modestes revenus de transfert. On traiterait vaguement les symptômes, sans chercher à s'attaquer au problème à la racine.

Enfin, même si le montant peut sembler modeste au niveau individuel, un revenu universel mensuel de 1 000 dollars pose un gigantesque défi de financement à la collectivité. Cela imposerait d'augmenter les prélèvements obligatoires, donc de réduire les incitations à l'activité économique, ce qui conduirait à une baisse de l'activité de l'ordre de 20 % du PIB selon l'étude de référence sur ce sujet.

En somme, mieux vaut oublier l'idée d'un revenu universel pour faire face au défi de l'automatisation (mais il existe d'autres raisons, bien sûr, pour envisager un revenu universel). Plutôt que de se focaliser sur une éventuelle disparition pure et simple des emplois, l'enjeu est de comprendre les transformations de l'emploi induites par l'innovation et d'accompagner (ou de protéger) les salariés lorsque cela est nécessaire, au cas par cas. Le revenu universel n'est à l'évidence pas un bon outil en la matière, du fait de sa nature très peu ciblée.

D'autres outils doivent être privilégiés, qui permettent le ciblage. C'est le cas des politiques d'accompagnement sur le marché du travail, qui visent à mieux former les demandeurs d'emploi, par exemple à l'utilisation d'outils numériques. Les travaux de recherche en économie du travail montrent que la formation est effectivement un levier puissant, mais que le diable se niche dans les détails. La recette miracle n'existant pas, il faut avoir le bon type de formation, au bon moment[1].

Dans tous les cas, ces outils ne traitent que les symptômes de l'innovation, après coup, un peu comme la taxation des riches. Ne devrait-on pas plutôt envisager des outils à même de ralentir certaines innovations pour éviter leurs effets délétères, par exemple s'agissant des robots ?

1. David Card, Jochen Kluve et Andrea Weber, « What works? A meta analysis of recent active labor market program evaluations », *Journal of the European Economic Association*, 16, n° 3, 2018, p. 894-931.

Taxer les robots ?

Une autre idée, qui rencontre un grand écho médiatique, consiste à vouloir freiner certaines formes de changement technologique jugées néfastes pour l'emploi, au premier rang desquelles la robotisation. Voilà qui a le mérite d'être intuitif : les robots ont vocation à remplacer l'homme, on devrait donc s'en protéger en retardant leur diffusion, par exemple en les taxant. De Bill Gates à Benoît Hamon, cette idée en a séduit beaucoup. Et pourtant, la proposition tourne court.

Tout d'abord, elle se heurte aux apories que nous venons d'évoquer en réponse à l'agenda sur le revenu universel. On ne le répétera jamais assez : les robots nous remplacent dans une certaine mesure, mais ils permettent aussi d'augmenter la productivité, donc la demande et *in fine* les effectifs salariés. Le cas de l'Allemagne et les études empiriques montrent que, de fait, la robotisation n'est pas l'ennemie de l'emploi, y compris s'agissant de l'emploi non qualifié.

Deuxième argument : les robots sont partout dans les médias, mais beaucoup moins impressionnants dans les statistiques. Ils représentent environ 0,3 % du stock de capital productif dans les pays à hauts revenus et sont surtout concentrés dans l'industrie automobile. Même en Allemagne – un pays qui adopte les robots plus rapidement que les autres –, l'investissement annuel en robots est faible, lorsqu'on le compare à la masse salariale ou à d'autres investissements.

Soyons précis : l'investissement robotique de l'Allemagne est de 11 euros par emploi et par an, et c'est bien peu par rapport aux investissements annuels en technologie de l'information et de la communication, qui atteignent 848 euros par emploi. Il n'y a pas de raison de faire une obsession sur les robots – si ce n'est le fait qu'ils frappent l'imaginaire collectif !

Troisième et dernier point : la taxe sur les robots ne peut être envisagée indépendamment du protectionnisme, qui aurait des effets délétères sur la capacité d'innovation. Pour le comprendre, supposons que l'on prenne le parti de taxer les robots. Dans ce cas, nos entreprises courraient le risque d'être dépassées par la concurrence étrangère, plus productive car robotisée, avec des pertes d'emplois chez nous à la clé. On rétorquera qu'il suffirait alors d'ériger des barrières douanières…

Sans même évoquer le problème du marché unique européen, rendant une telle proposition inopérante, il faut toujours garder en tête que le protectionnisme réduit la taille du marché, sans laquelle l'innovation n'est pas possible. De l'aéronautique au luxe, les perspectives d'innovation en France seraient au point mort si l'on se lançait dans des guerres commerciales pour nous protéger de la robotisation chez nos voisins. Saborder ainsi notre capacité d'innovation pour se protéger des robots relèverait d'un curieux calcul coût-bénéfice.

L'influence des trois axes de propositions que nous venons de passer en revue (taxation des riches, revenu universel, taxation des robots) s'explique simplement : en utilisant l'outil fiscal, on propose une solution clé en main qui peut produire des effets à court terme. C'est pour beaucoup une perspective enthousiasmante, à même de mobiliser lors d'une campagne électorale, qui donne l'impression que l'on reprend les choses en main. Mais l'innovation est affaire de temps long : pour changer la donne, il ne faut surtout pas se limiter à l'outil fiscal. Un quatrième axe – la planification de l'innovation – se positionne justement sur le temps long.

Revenir à la planification ?

Avec la planification, l'idée n'est plus de ralentir certaines technologies comme les robots, mais d'orienter l'innovation vers des buts jugés d'intérêt général, comme la santé ou la transition écologique, dans une perspective de long terme. Revenons aux bases : pourquoi donc vouloir planifier plutôt que de laisser la main au marché ? Il y a deux raisons centrales.

D'abord, dans bien des cas, le retour sur investissement privé d'une innovation est largement inférieur à sa valeur sociale[1]. Par exemple, les innovations qui permettent de réduire nos émissions de carbone, disons dans la sidérurgie, ont un bénéfice social très important, mais qu'il est difficile de monétiser. Comme en règle générale personne ne paie pour la qualité du climat, les incitations financières à réduire les émissions sont inexistantes. D'où le rôle de l'État pour subventionner ces innovations.

L'autre justification de la planification tient à la nécessité, dans certains cas, de coordonner l'innovation dans des secteurs multiples sur le long terme. Le marché excelle pour coordonner les comportements des acteurs économiques grâce au signal prix, mais uniquement lorsque l'incertitude n'est pas trop grande. Parfois, notamment pour la transition écologique, plusieurs secteurs doivent évoluer de manière coordonnée afin qu'une innovation soit rentable.

Par exemple, la production d'électricité doit augmenter suffisamment rapidement pour permettre l'électrification du parc automobile. Il faut donc des innovations conjointes à la fois dans la production d'électricité (diffusion des énergies renouvelables, expansion du nucléaire, etc.) et dans l'automobile (moteurs électriques, batteries, etc.). Les unes ne seront pas rentables sans les autres, d'où un problème de coordination qui peut rendre les entreprises peu enclines à se lancer dans de tels projets.

L'État joue son rôle en orchestrant cette coordination et en donnant de la visibilité à tous les acteurs, par exemple en s'engageant

1. Benjamin F. Jones et Lawrence H. Summers, « A Calculation of the Social Returns to Innovation », *Innovation and Public Policy*, 13, 2022. Sur le rôle de l'État comme investisseur dans la croissance et l'innovation, voir aussi Philippe Aghion et Alexandra Roulet, *Repenser l'État. Pour une social-démocratie de l'innovation*, Paris, Seuil, « La République des idées », 2021.

à sécuriser le prix de l'électricité pour les producteurs, en interdisant les véhicules thermiques après 2035, ou encore en pilotant directement l'innovation au sein d'entreprises publiques comme EDF[1].

Outre la transition écologique, un autre mot d'ordre très partagé ces dernières années dans les pays occidentaux est celui de « réindustrialisation ». Le soutien public à l'innovation tend à privilégier le secteur de l'industrie, perçu comme moteur des gains de productivité et source de créations d'emplois qualifiés, partout sur le territoire. Ces deux grandes priorités – réindustrialiser et faire la transition écologique par l'innovation – sont au cœur de grands plans de subventions lancés tout récemment, notamment le plan américain IRA (Inflation Reduction Act) en 2022, ainsi que le plan France 2030, lancé en 2021. Ces plans constituent des dépenses de l'ordre de 2 % du PIB, étalées sur dix ans. Un retour notable à la planification de l'innovation !

Une critique commune de ces plans porte sur leur caractère protectionniste. En effet, certains plans comme l'IRA américain conditionnent une partie des subventions à des clauses de production locale. D'où un risque de guerres commerciales, qui réduiraient notre taille du marché et donc notre capacité d'innovation.

Au-delà de la critique protectionniste, déjà bien balisée, le « retour à la planification » souffre de trois grands angles morts, à peu près totalement absents du débat, mais qui pourraient bien hypothéquer notre capacité à traiter les inégalités induites par l'innovation.

D'abord, la planification de l'innovation telle qu'elle existe aujourd'hui est un processus très technocratique, qui ne donne pas voix au chapitre au plus grand nombre dans la définition des priorités. Les planificateurs de l'innovation sont un cercle très restreint : en France, il s'agit surtout de hauts fonctionnaires,

1. Sur le rôle central de l'innovation pour réussir la transition écologique et énergétique, voir Jean Pisani-Ferry et Selma Mahfouz, « Les incidences économiques de l'action pour le climat », *Rapport à la Première ministre*, 2023.

qui travaillent avec quelques hommes politiques et capitaines d'industrie. Les parlementaires et les citoyens jouent un rôle très limité, sans réel débat démocratique sur les priorités de la politique d'innovation. Du moins, au-delà des éléments de langage sur la planification écologique et la réindustrialisation lors des campagnes présidentielles…

Faut-il se satisfaire de cette situation ? La perception commune est que, après tout, les sujets sont tellement complexes qu'il est bien normal qu'ils soient l'apanage des experts. En fait, comme nous le verrons plus loin, d'autres choix institutionnels sont possibles et souhaitables pour faire un meilleur travail de diagnostic collectif, seul à même de bien définir nos priorités en matière d'innovation, au-delà des seuls thèmes de l'écologie et de la réindustrialisation. À ce stade, retenons que le premier angle mort de la planification, telle qu'elle existe aujourd'hui, porte sur la concentration du pouvoir au sein d'une élite administrative.

Le deuxième angle mort est plus prosaïque : c'est celui de l'efficacité de la planification. L'histoire montre que les efforts de l'État pour orienter l'innovation ne sont pas toujours couronnés de succès, loin de là[1]. En matière d'innovation, on ne peut pas dire qu'il suffise de fixer des objectifs et que l'« intendance suivra » ! L'efficacité varie grandement selon les modalités d'intervention retenues ; c'est pourquoi l'évaluation doit jouer un rôle central pour identifier les dispositifs qui marchent et ceux qui ne sont bons qu'à créer des effets d'aubaine.

L'argument peut sembler évident, mais il va à l'encontre d'une immense inertie administrative et politique. De fait, l'évaluation est largement absente de la planification aujourd'hui. Le grand public trouve l'évaluation soporifique, le politique craint qu'on lui mette des bâtons dans les roues, l'administration manque de temps, voire d'expertise. Un cocktail mortifère :

1. Josh Lerner, *Boulevard of Broken Dreams*, Princeton, Princeton University Press, 2009.

sans efficacité, la planification de l'innovation restera lettre morte. Tout reste à faire pour changer de modèle en la matière et donner à l'évaluation la place centrale qui lui revient.

Troisième angle mort : la planification de l'innovation donne la part belle au financement de nouveaux projets innovants, plutôt qu'à l'investissement dans l'éducation et la formation. Par exemple, il est très difficile pour l'Éducation nationale de recevoir des financements du plan France 2030. C'est peut-être compréhensible : financer une usine de semi-conducteurs pour plusieurs milliards d'euros est tout à fait spectaculaire, avec un effet d'annonce formidable pour le politique. L'éducation est une affaire de très long terme, loin des feux de la rampe, et suppose de faire bouger une immense administration, ce qui n'est pas sans risques politiques. Nous allons pourtant voir, dans les pages qui suivent, à quel point l'enjeu éducatif est sous-estimé en France en matière d'innovations et d'inégalités.

Changer de priorités

On l'a vu, nombreuses sont les propositions flamboyantes pour briser le lien entre l'innovation et les inégalités. Taxer les riches ou les robots, instaurer un revenu universel, engager des subventions massives dans le cadre de la planification – voilà qui frappe l'imaginaire collectif, voilà qui mobilise les progressistes et parfois les populistes, voilà qui donne l'impression de pouvoir frapper un grand coup.

Cette logique méconnaît pourtant les forces profondes qui déterminent l'innovation – celles de la taille du marché, de la sociologie des innovateurs, de l'intervention publique et de ses défauts, de l'éducation enfin. Toutes ont la particularité de se déployer sur le temps long.

C'est à ces causes profondes, plutôt qu'aux symptômes, qu'il faut s'attaquer. Et c'est à cette tâche que s'attellent les chapitres qui suivent, en commençant avec les réformes les plus puissantes et les plus simples, celles qui se focalisent sur la sociologie des innovateurs (chapitre 5) et sur l'éducation (chapitre 6), pour en venir ensuite aux plus nuancées, qui visent à trouver le bon équilibre entre État et marché dans un cadre démocratique renouvelé (chapitre 7).

CHAPITRE 5

À la recherche des Marie Curie perdues

L'idée de démocratiser l'accès aux carrières de l'innovation n'est pas considérée comme un sujet de politique publique sérieux. La preuve : personne n'en parle, et les budgets consacrés au problème sont lilliputiens par rapport à l'enjeu. Pourtant, des travaux de recherche récents montrent qu'il y aurait immensément à gagner, à la fois pour réduire les inégalités et pour stimuler la croissance. Notre priorité numéro un devrait être de nous saisir de ce levier à bras-le-corps. Pour comprendre pourquoi et comment, nous allons procéder en trois étapes.

Une manne de talents inexploités

Premier constat : il existe une immense manne de talents inexploités. À aptitudes égales au sein d'un pays, le milieu détermine largement le choix de carrières d'innovateurs. Le chapitre 3 a bien décrit les disparités liées au sexe et au revenu des parents. Gardons un chiffre en tête pour en apprécier toute l'ampleur : si les femmes et les personnes issues de milieux modestes se tournaient vers les carrières de l'innovation à la même fréquence que les hommes de milieux favorisés, il y aurait en France environ *trois fois plus* d'innovateurs qu'actuellement[1] !

Insistons sur un point : ces différences sont tout aussi importantes parmi les très bons élèves. Par exemple, une étude analyse les résultats en mathématiques de collégiens américains et la propension à innover, ici mesurée avec l'obtention d'un brevet. Ces résultats scolaires sont un bon prédicteur de l'obtention d'un brevet, mais uniquement parmi les garçons de milieux favorisés. Être meilleur que la moyenne en mathématiques ne sert à rien pour l'innovation des filles ou des plus modestes. Même parmi les étudiants des universités les plus sélectives, par exemple le MIT, la propension à innover reste conditionnée par le milieu et par le genre.

Il existe aussi de fortes disparités par territoire d'origine, illustrées par la figure 5. Il existe des « clusters » d'innovation, pas seulement du point de vue de la production des innovations, mais aussi s'agissant des origines de la nouvelle génération d'innovateurs.

Pour les États-Unis, le panel (a) de la figure 5 montre une forte hétérogénéité entre territoires dans la propension à se tourner vers les carrières d'innovateur, ici mesurée par le nombre d'enfants qui obtiennent un brevet à l'âge adulte. L'analyse empirique révèle que les taux d'innovation pour la nouvelle génération sont d'autant plus élevés que l'écosystème local est innovant.

Par exemple, à Boston (haut lieu des innovations biomédicales) et à San Francisco (l'un des poumons de l'innovation numérique), 4 enfants sur 10 000 déposeront un jour un brevet. Les taux d'innovation de la nouvelle génération sont beaucoup plus faibles dès lors que l'on s'éloigne un peu des centres d'innovation – par exemple à Fresno, à moins de trois heures de route de San Francisco, moins d'un enfant sur 10 000 sera inventeur de

1. Josh Feng, Xavier Jaravel et Éléonore Richard, « Pour une stratégie nationale d'innovation par tous », Focus du Conseil d'analyse économique, 2022.

brevet. Et ces différences s'observent même lorsque l'on compare des individus résidant dans la même ville à l'âge adulte.

FIGURE 5. Le rôle du territoire d'origine dans les carrières d'innovateurs

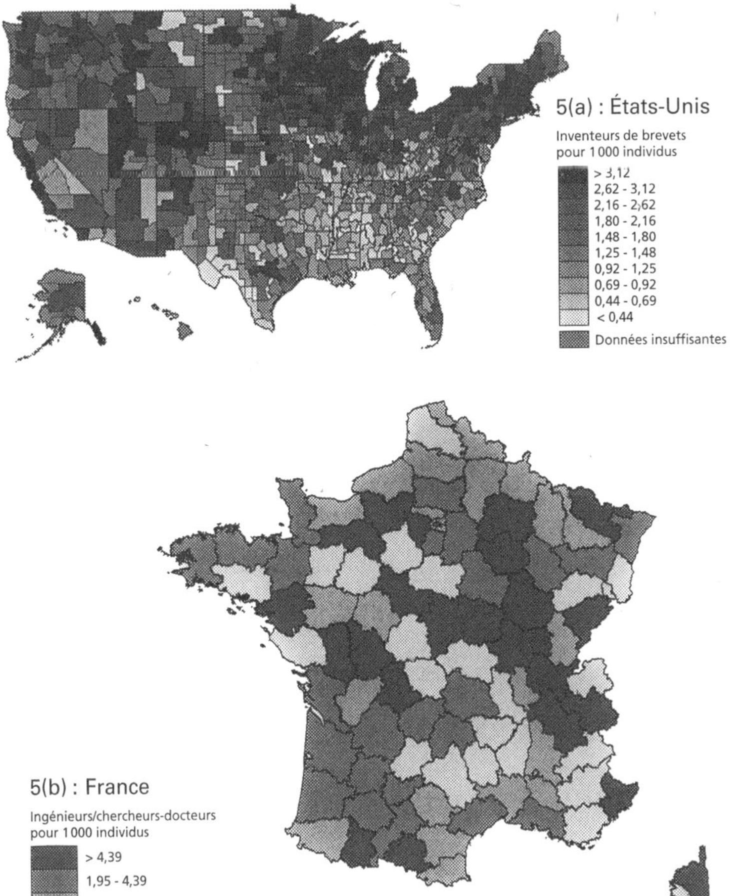

Lecture : le panel (a) de cette figure montre la part des individus aux États-Unis qui obtiennent un brevet selon leur territoire d'origine. Le panel (b) montre la part des individus en France qui deviennent ingénieurs-docteurs selon le territoire d'origine.

Bien sûr, qui dit corrélation dit rarement causalité. Mais en l'occurrence, une étude montre qu'il y a bien un lien *causal* entre l'écosystème d'innovation local et la propension de la prochaine génération à innover. L'étude analyse des millions de familles qui déménagent d'un bout à l'autre des États-Unis et montrent que les enfants se conforment au milieu dans lequel ils passent le plus de temps. Ceux qui ont le plus de chance de devenir innovateurs dans la *tech* sont ceux qui ont passé le plus de temps dans la Silicon Valley, comme s'ils s'étaient imprégnés du milieu et se projetaient dans ces carrières.

Même schéma pour le panel (b) de la figure 5, cette fois en France. Il existe des pépinières d'innovateurs, là où l'écosystème d'innovation est le plus développé. Grenoble bénéficie par exemple d'un écosystème d'innovation et de recherche, avec de nombreuses start-up de microélectronique, ainsi que de grands organismes publics de recherche comme le Commissariat à l'énergie atomique. Les enfants grenoblois auront des taux d'innovation bien plus élevés qu'ailleurs, ne serait-ce que comparés à ceux ayant grandi à quelques encablures de là, à Annecy par exemple, à une heure et demie de route. Le Morbihan, zone de tourisme et d'activités agricoles, est le département avec le plus faible taux d'enfants appelés à devenir ingénieurs, chercheurs ou titulaires d'une thèse. Le taux le plus élevé se trouve dans les Alpes-Maritimes, autour de la technopole de Sophia Antipolis.

Au-delà du territoire d'origine, d'autres analyses statistiques montrent que les phénomènes de mimétisme jouent un rôle capital. Les enfants dont les parents sont eux-mêmes des innovateurs ont tendance à innover dans la même technologie exactement. Si votre père travaille sur les modulateurs, il est dix fois plus probable que vous innoviez dans ce domaine plutôt que dans d'autres pourtant quasiment identiques, comme les démodulateurs.

Conclusion : de nombreux individus ne se tournent pas vers l'innovation, alors qu'ils en auraient les aptitudes.

L'environnement familial et l'identité sociale jouent à plein, qu'il s'agisse du niveau de revenu des parents, du sexe de l'individu, mais aussi, plus largement, du milieu dans lequel il ou elle grandit et des métiers vers lesquels il ou elle se projette.

Fait notable, tout cela reste vrai lorsque l'on se focalise sur les innovations reconnues comme les plus importantes, par exemple les brevets les plus cités. Les talents inexploités ne se cantonnent donc pas aux innovations marginales. Au contraire, on peut parler d'un phénomène d'« Einstein perdus » ou de « Marie Curie perdues » : nombreux sont celles et ceux qui auraient pu produire des innovations très importantes, mais qui ne se sont pas tournés vers les carrières de l'innovation, de l'entrepreneuriat ou de la science.

Un potentiel macroéconomique gigantesque

Voilà qui nous conduit à la deuxième étape du raisonnement. Étant donné la manne de talents inexploités – de quoi tripler le nombre d'innovateurs –, il semble que le fait de mieux mobiliser ces talents peut avoir des effets macroéconomiques de première importance. Mais quels sont les bons ordres de grandeur ? Si on ne répond pas à cette question, il est impossible d'affirmer que démocratiser l'accès à l'innovation doit être une priorité.

Des travaux de recherche récents permettent d'y voir plus clair. On peut en effet adapter les modèles macroéconomiques pour mesurer les effets qu'aurait un élargissement de l'accès à l'innovation. Ces modèles sont habituellement utilisés à d'autres fins – par exemple, pour calculer la trajectoire des finances publiques ou pour estimer les effets de réformes multiples, de France 2030 à la réforme des retraites en passant par les réformes du marché du travail. Les modèles ne produisent jamais des résultats absolument certains, mais ils permettent d'avoir les bons ordres de grandeur.

À quoi faut-il donc s'attendre ? Dans le cas de la France, atteindre une parité parfaite entre femmes et hommes dans l'accès à l'innovation permettrait d'augmenter le taux de croissance annuel de la productivité du travail de 1 % à 1,80 %[1]. Sans trop rentrer dans le détail de l'analyse, il est important de comprendre pourquoi cet ordre de grandeur est tout à fait plausible.

On étudie ici un scénario dans lequel il y aurait une parité parfaite dans l'accès aux professions de l'innovation, c'est-à-dire que l'on doublerait quasiment le nombre potentiel d'innovateurs. Le modèle considère que le marché du travail s'ajuste, en ce sens que certains inventeurs sont « remplacés » par des femmes. Par ailleurs, les nouvelles arrivantes sont en moyenne plus productives que les hommes qu'elles remplacent. *In fine*, le taux de croissance augmente de 0,80 point, c'est-à-dire une hausse de 80 % par rapport au taux de croissance actuel.

Il faut bien mesurer l'ampleur de ces chiffres. Dans le cas de l'économie française, une hausse de la croissance de 0,80 point, c'est 22 milliards d'euros supplémentaires de PIB chaque année. C'est 10 milliards de recettes fiscales, soit à peu près autant que le RSA ou que les investissements publics additionnels nécessaires à la transition écologique ! On peut estimer que cet effet se matérialiserait progressivement et arriverait à plein régime une dizaine d'années après le lancement de réformes permettant la parité dans l'innovation. Vingt-cinq ans après ces réformes, le PIB serait plus élevé d'environ 18 % par rapport au *statu quo*, soit une hausse d'environ 660 milliards d'euros. Les recettes publiques augmenteraient

1. Calculs de l'auteur pour l'économie française à partir du modèle quantitatif de Elias Einiö, Josh Feng et Xavier Jaravel, « Social Push and the Direction of Innovation », art. cité. Les ordres de grandeur sont similaires pour les États-Unis.

de 305 milliards d'euros à cette date, un montant équivalent aux dépenses publiques consacrées aux retraites[1] !

Les effets macroéconomiques sont donc tout simplement gigantesques. Cerise sur le gâteau : cette croissance économique renforcée s'accompagne d'une hausse de l'égalité des chances, en démocratisant l'accès aux carrières de l'innovation.

On obtient des effets tout aussi importants lorsque l'on analyse une situation hypothétique dans laquelle les individus issus de milieux défavorisés (plutôt que les femmes) ne feraient plus face à aucune barrière dans l'accès aux métiers de l'innovation et de la science. Les effets sur les inégalités, du point de vue du consommateur, sont également très importants en redirigeant l'innovation vers les produits qui ciblent des ménages plus modestes ou les femmes.

Il est également instructif d'apprécier les effets d'une politique très ciblée qui, par hypothèse, parviendrait à la parité parmi le top 1 % des individus classés selon leurs aptitudes pour l'innovation. Dans le modèle macroéconomique, les innovations les plus importantes viennent d'un petit nombre d'innovateurs (ce qui est cohérent avec les données sur l'extrême concentration des citations de brevets ou des levées de fonds des start-up). Par conséquent, les gains macroéconomiques sont très élevés, même si l'on ne cible que les jeunes à très hauts potentiels, avec une hausse de la croissance *annuelle* du PIB de 1 à 1,55 %.

Ce modèle donne donc une bonne idée de l'immense potentiel macroéconomique d'une stratégie d'innovation par toutes et tous. Comme point de comparaison, on peut retenir que le plan France 2030 a des effets escomptés beaucoup plus faibles sur la croissance, de l'ordre de 1 à 2 points de PIB *en cumulé* à l'horizon

1. On peut aussi calculer la valeur actualisée de la réforme. En calculant les effets de la réforme sur vingt-cinq ans, avec un taux d'actualisation de 5 % la valeur actualisée de la réforme est égale à environ deux fois le PIB de 2022 ! De même, la somme actualisée du surcroît de recettes publiques sur vingt-cinq ans équivaut à doubler les recettes publiques de 2022.

de 2030, et que l'enjeu pour les finances publiques est bien plus fort que lorsqu'on parle de taxer les riches.

Ces chiffres impressionnants sont cohérents avec d'autres études macroéconomiques, qui étudient les discriminations dans l'accès à l'emploi de manière très large, sans se focaliser sur l'innovation. Une étude conclut que, sur les cinquante dernières années, 30 % de la croissance économique aux États-Unis provient de la baisse des discriminations à l'encontre des femmes et des minorités. Une étude de France Stratégie chiffre le coût des discriminations à 14 % du PIB pour l'économie française.

Des réformes à portée de main

La cause est entendue : le réservoir de talents inexploités est immense et les effets macroéconomiques pourraient être gigantesques. Mais sait-on vraiment comment agir ? Après tout, ces choix de carrière sont très personnels et relèvent d'une multitude de facteurs. N'est-il pas illusoire de penser pouvoir changer la donne ?

Tout au contraire ! Des études microéconomiques montrent que l'on peut drastiquement changer les choses, à condition de bien s'y prendre. Il ne s'agit pas simplement d'informer sur les carrières, mais aussi de les *incarner*, du fait de phénomènes de mimétisme.

C'est à cette conclusion que parvient une équipe de chercheurs après avoir analysé les effets d'une campagne de la Fondation L'Oréal, lancée en 2014 dans les lycées pour promouvoir la diversité des métiers de la science et de l'innovation et susciter des vocations chez les jeunes femmes[1]. Les interventions sont conduites pendant une heure dans des classes de terminale

1. Thomas Breda, Julien Grenet, Marion Monnet et Clémentine Van Effenterre, « How Effective are Female Role Models in Steering Girls Towards Stem ? Evidence from French High Schools », *The Economic Journal*, 133, n° 653, 2023, p. 1773-1809.

scientifique ou de seconde générale ou technologique. Le principe est simple : des femmes scientifiques décrivent leur parcours professionnel et universitaire, et partagent leur expérience avec la classe, en décrivant notamment leurs choix d'orientation[1].

Les classes bénéficiaires sont tirées au sort, ce qui permet à l'équipe de chercheurs d'analyser l'effet causal des interventions, en comparant les choix des élèves dans les classes visitées avec ceux des classes du groupe témoin.

Les résultats de cette expérience, qui implique une centaine de lycées et près de 20 000 élèves, sont clairs : ça marche ! Les visites des intervenantes ont entraîné une diminution significative des stéréotypes négatifs associés aux métiers scientifiques (par exemple, les considérer comme monotones ou solitaires), chez les filles comme chez les garçons. Le résultat le plus surprenant est qu'il y a un effet très fort sur les choix d'orientation des filles. En classe de terminale S, on observe un changement très important dans la propension à se tourner vers les classes préparatoires aux grandes écoles d'ingénieurs parmi les lycéennes qui ont bénéficié de l'intervention[2].

La figure 6 montre ce résultat spectaculaire, qui vient principalement des filles les plus performantes en mathématiques. Parmi les 25 % des élèves obtenant les meilleurs résultats dans cette matière au baccalauréat, 37 % des filles des classes visitées se sont orientées vers une prépa scientifique, contre seulement 24 % dans les classes témoins. On augmente de plus de moitié le nombre de lycéennes qui se tournent vers ces prépas,

1. Ces femmes travaillent soit au sein de la division de recherche et d'innovation de L'Oréal, soit sont des doctorantes ou post-doctorantes ayant reçu un financement de L'Oréal. Leurs spécialités sont variées et incluent la chimie, la logistique, l'immunologie, la toxicologie ou encore l'analyse statistique des consommateurs.

2. Il n'y a pas d'effet sur les choix d'orientation à l'issue de la classe de seconde, vraisemblablement parce que les filles ne sont pas sous-représentées dans les filières scientifiques au lycée, au contraire des classes préparatoires scientifiques.

parmi les meilleures élèves, avec une intervention de seulement une heure ! À l'inverse, il n'y a pas d'effet significatif sur les garçons : le mimétisme joue à plein.

Bien sûr, tout n'est pas uniformément positif dans ce programme. Par exemple, les effets sur les choix d'orientation sont bien plus faibles lorsque les intervenantes insistent davantage sur les difficultés et les discriminations auxquelles elles ont dû faire face en tant que femme dans leurs activités professionnelles. Par ailleurs, les effets sont plus forts lorsque l'intervenante fait partie du groupe de recherche et d'innovation de L'Oréal, plutôt que lorsqu'il s'agit d'une jeune doctorante ou post-doctorante.

FIGURE 6. Les effets de la sensibilisation aux carrières de la science et de l'innovation au lycée sur les choix d'orientation

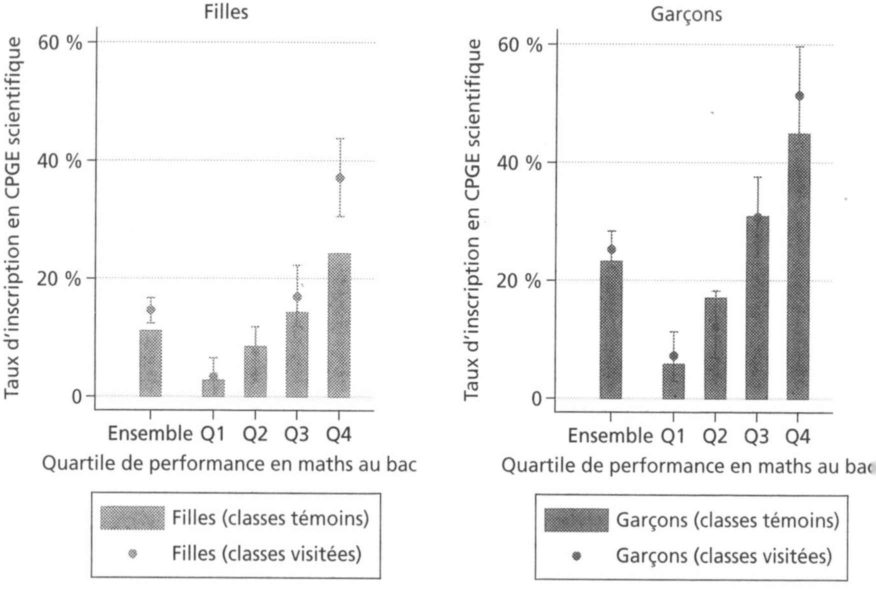

Lecture : cette figure, d'après Breda, Grenet, Monnet et Van Effenterre (2023), montre les taux d'inscription en classe préparatoire aux grandes écoles d'ingénieurs (CPGE) selon le sexe de l'élève et selon que la classe a été ou non visitée par une intervenante présentant les carrières scientifiques.

Tout cela montre que ce type d'intervention peut être très puissant, mais qu'il n'y a pas de formule magique. Il est crucial d'évaluer le dispositif au fil de l'eau pour voir quelles modalités fonctionnent le mieux, afin de les généraliser ensuite. Les choix portant sur le détail de la mise en œuvre du dispositif – décider qui fera l'intervention et avec quels messages – sont au moins aussi importants que l'idée générale de promouvoir la sensibilisation aux carrières de la science et de l'innovation.

Ces résultats montrent que les choix de carrière sont relativement faciles à influencer lorsque l'on s'y prend bien. C'est essentiel pour mieux mobiliser les talents féminins, avec les effets potentiellement très importants sur la croissance que l'on sait, mais aussi pour lutter contre les inégalités femmes-hommes. Les femmes sont largement sous-représentées dans les filières scientifiques en France, ce qui explique un tiers de l'écart de salaire entre femmes et hommes, qui s'élève à environ 15 % (à temps de travail identique).

Les interventions en lycée ne sont qu'un exemple parmi beaucoup d'autres. Les pouvoirs publics, les associations, les fondations, les entreprises ont déjà développé toute une série de modes d'action : ateliers d'information, opérations de mentorat, stages, plateformes numériques pour la découverte des métiers. Par exemple, le programme « 1 scientifique, 1 classe : chiche ! » de l'Institut national de recherche informatique et automatique (INRIA) permet aux élèves de seconde de rencontrer des chercheurs et chercheuses en sciences du numérique et vise à toucher toutes les classes de seconde.

De nombreuses associations sont à pied d'œuvre pour susciter des vocations pour la science ou proposer un accompagnement transversal dans les choix d'orientation. Les exemples ne manquent pas : Animaths, l'Afev, Article 1, Des territoires aux grandes écoles, Entreprendre pour apprendre, 100 000 Entrepreneurs, JobIRL, Les Déterminés, Les Intrépides de la tech, Les Savanturiers, parmi tant d'autres, qui montrent la richesse du tissu associatif en France sur ce sujet.

Il n'en demeure pas moins un problème de taille : toutes ces initiatives se déploient aujourd'hui en ordre dispersé, avec des moyens beaucoup trop limités par rapport à l'ampleur de l'enjeu. Il n'existe pas aujourd'hui de stratégie pour coordonner ces initiatives et s'assurer qu'elles soient correctement dimensionnées aux enjeux macroéconomiques.

Une stratégie d'innovation par toutes et tous

Comment faire pour passer à la vitesse supérieure et enfin démocratiser l'accès aux carrières de l'innovation ? La marche à suivre est assez simple : il faut réaliser l'ampleur de l'enjeu, l'inscrire au sommet de notre agenda de réforme, nous doter d'objectifs ambitieux, avant d'utiliser tous les outils à notre disposition.

Appelons cela la « stratégie nationale d'innovation par tous ». Son objectif est simple : s'assurer que toutes et tous, indépendamment du sexe, du milieu social et du territoire d'origine, soient sensibilisés aux carrières de la science et de l'innovation. Cela ne se fera pas sans un budget de plusieurs centaines de millions d'euros par an pour financer plusieurs initiatives complémentaires : ateliers d'information, mentorat, stages, immersions, forums, concours d'innovation. Ces montants sont d'ailleurs très modestes par rapport aux bénéfices que l'on peut escompter en retour.

Deux éléments sont cruciaux pour que cette stratégie nationale réussisse. D'abord, il faut s'appuyer sur toutes les initiatives existantes – celles du monde associatif, des entreprises et des laboratoires de recherche publics et privés – pour décupler leur action. Il faut des financements pérennes, accompagnés de procédures d'évaluation, pour identifier les bonnes pratiques puis les diffuser à l'échelle nationale. Concrètement, on pourrait formaliser un partenariat entre tous les acteurs concernés et l'État pour développer ces initiatives à très grande échelle.

Cette stratégie pour promouvoir la sensibilisation aux carrières de l'innovation devrait *in fine* être intégrée au sein de la politique d'orientation de l'Éducation nationale. Les dispositifs mentionnés plus haut devraient tous être mobilisés de concert et ciblés sur les jeunes filles et les élèves du réseau d'éducation prioritaire renforcé, qui représente 250 000 jeunes. Les outils et les bonnes volontés ne manquent pas pour avancer rapidement en la matière.

Le deuxième élément crucial consiste à se fixer un cap. La stratégie nationale d'innovation par toutes et tous doit être guidée par des objectifs de long terme ambitieux, par exemple atteindre la parité et l'égalité territoriale dans l'accès aux filières scientifiques, dont les grandes écoles d'ingénieurs et les classes préparatoires, à l'horizon de dix ans. Sans cela, nous continuerons avec des actions saupoudrées, qui sont bien intentionnées, mais ne changent pas vraiment les choses et n'ont souvent qu'une vocation médiatique.

Par exemple, en mai 2023, les pouvoirs publics français ont lancé le collectif « IndustriELLES », qui vise à changer l'image de l'industrie – l'un des secteurs phares de l'innovation – auprès des jeunes filles et des femmes. Voici une initiative tout à fait louable, mais dont les objectifs sont clairement en deçà de ce qui serait nécessaire. L'initiative se fixe comme objectif d'avoir « 100 femmes mentors et 100 jeunes filles à mentorer d'ici fin 2023 », alors que l'enjeu est de toucher *toute une classe d'âge*, de ne pas se limiter aux discriminations liées au sexe ou au genre, mais aussi d'aller parler aux plus modestes, et d'organiser une action dans la durée. Sans quoi les effets seront faibles, voire marginaux.

Tout compte fait, pour lancer cette stratégie à plein régime, deux problèmes doivent être surmontés. Le premier tient aux représentations et à l'ordre des priorités. Il faut créer un consensus sur un point simple : oui, démocratiser les carrières de la science et de l'innovation est la meilleure manière d'augmenter la croissance, tout en réduisant les inégalités. Et non, ce n'est pas un gadget.

On l'a vu, ce constat se fonde sur de nombreuses études, en France et à l'étranger, qui montrent l'ampleur de la sous-représentation des femmes et des minorités, les enjeux macroéconomiques, et l'efficacité concrète de certains programmes pour mieux orienter vers les carrières de la science et de l'innovation. Agir massivement en la matière est absolument nécessaire.

Le second sujet est plus politique. La dépense publique en matière d'innovation, du financement des start-up aux subventions des grands groupes via le crédit d'impôt recherche, bénéficie d'un avantage de taille : elle donne souvent lieu à des effets d'annonce spectaculaires. Par exemple, on annoncera le financement d'une nouvelle usine de semi-conducteurs pour plusieurs milliards d'euros. Voilà qui plaît beaucoup dans la culture politique et médiatique française.

À l'inverse, démocratiser l'accès aux carrières de l'innovation est une réforme décisive, mais à bas bruit, qui ne permet pas d'exister politiquement. À moins, là encore, de prendre conscience de l'ampleur de l'enjeu et d'en faire un véritable pilier de la politique d'innovation. Concrètement, le politique devrait charger les instances du financement public de l'innovation en France – le secrétariat général pour l'investissement (SGPI) en tête – de faire de la sensibilisation et de la formation aux carrières de l'innovation une priorité. Aujourd'hui, l'Éducation nationale ne peut pas recevoir de financements du SGPI pour améliorer la découverte des métiers de l'innovation ; car, à tort, ce n'est pas considéré comme étant du ressort de la politique d'innovation. Or, sans financement, rien ne changera !

Dans un premier temps, la stratégie nationale d'innovation par toutes et tous doit se focaliser sur l'orientation des talents. D'autres dispositifs peuvent ensuite être développés – par exemple un système de subventions de l'entrepreneuriat pour les personnes issues de milieux modestes, ou un système de bourses pour les étudiants internationaux à haut potentiel de pays à bas revenus, qui ne disposent pas des ressources et de l'écosystème pour concrétiser leurs aspirations entrepreneuriales. Une chose est sûre : l'orientation doit devenir un pilier central de la politique d'innovation.

CHAPITRE 6

Cap sur le capital humain

Au-delà de l'impératif de susciter des vocations, un autre problème prioritaire est celui de la qualité de l'éducation en France. C'est tout bonnement le premier problème économique de la France, du fait de ses effets sur la productivité.

Le déclassement éducatif mine la productivité

Pendant longtemps, la France se distinguait par un niveau de productivité élevé par rapport à ses voisins. La production économique – qu'il s'agisse de biens ou de services – par heure travaillée était plus élevée que dans d'autres pays, pourtant connus pour leurs bonnes performances économiques, comme l'Allemagne ou les États-Unis. C'est pourquoi un diagnostic largement partagé était que le problème numéro un de l'économie française était le temps de travail, plus faible qu'à l'étranger, qu'il s'agisse de la durée de la vie active ou du temps de travail hebdomadaire pour les personnes en emploi.

Mais tout cela n'est plus vrai. Depuis les années 2000, la croissance de la productivité est plus faible en France qu'en

Allemagne et aux États-Unis. À tel point que nous sommes désormais moins productifs par heure travaillée. Ce ralentissement de la productivité touche tous les secteurs et tous les types d'entreprises, des PME jusqu'aux grands groupes. Tout cela représente un effet macroéconomique très important, qu'une étude chiffre à 140 milliards d'euros de PIB en 2019, soit 65 milliards de recettes fiscales annuelles[1].

Ce constat, formulé en 2022 grâce aux dernières données disponibles, remet en cause le diagnostic traditionnel du déclassement économique de la France, selon lequel la productivité de l'économie française resterait forte, tandis que le problème principal résiderait dans la faiblesse du taux d'emploi. En fait, l'impact macroéconomique du retard de productivité est au moins aussi important que celui des heures travaillées[2].

Comment expliquer que l'économie française soit devenue moins productive ? Les explications sectorielles (par exemple la désindustrialisation) ne tiennent pas, puisque tous les secteurs sont touchés. Il faut plutôt analyser les facteurs qui affectent l'ensemble de l'économie. En la matière, la France a un problème de capital humain.

On l'a vu au chapitre 3 : la qualité de l'éducation et de la formation joue un rôle crucial pour l'adoption et la diffusion des innovations par le plus grand nombre. Or la France souffre d'une piètre performance éducative. Le chiffre le plus éloquent vient de l'enquête TIMMS (Trends in International Mathematics and Science Study), qui mesure le niveau en mathématiques des élèves

1. Ce chiffre résume les effets macroéconomiques du ralentissement de la productivité en France entre 2004 et 2019 par rapport à l'Allemagne et aux États-Unis selon Maria Guadalupe, Xavier Jaravel, Thomas Philippon et David Sraer, « Cap sur le capital humain pour renouer avec la croissance de la productivité », art. cité.

2. Par exemple, une hausse du taux d'emploi en France, aujourd'hui à 65 %, jusqu'au niveau de l'Allemagne, 75 %, conduirait à une hausse de PIB de 5 %.

de CM1. Lors de la dernière étude, menée en 2019, la France se classe *dernière de l'Union européenne et avant-dernière de l'OCDE*, devançant seulement le Chili. Alors que Singapour, la Corée du Sud et la Finlande caracolent en tête, la France est en queue du classement mondial, juste derrière l'Albanie et le Kazakhstan.

Le tableau est similaire avec d'autres enquêtes internationales comme PISA (Programme for International Student Assessment), qui analyse d'autres matières plus tard dans la scolarité des élèves. Les études internationales sur le niveau des adultes, comme le Programme pour l'évaluation internationale des compétences des adultes (Programme for International Assessment of Adult Competencies – PIAAC) de l'OCDE, confirment ces résultats lamentables.

Réflexe cocardier : ces enquêtes internationales doivent forcément avoir un biais, elles ne reflètent pas les qualités de la pédagogie à la française. Malheureusement, les enquêtes internes à l'Éducation nationale (CEDRE, « Lire, écrire, compter ») parviennent au même constat, avec des résultats en forte baisse au cours du temps[1]. Les résultats en calcul en CM2 dans l'enquête « Lire, écrire, compter » semblent même trop mauvais pour être vrais. Comme le montre la figure 7 ci-dessous, le niveau moyen (évalué en posant les mêmes questions au cours du temps) a baissé de 30 % entre 1987 et 2017, avec une détérioration du niveau qui touche jusqu'aux meilleurs élèves. En 2017, seuls 1 % des élèves parviennent au niveau du top 10 % de 1987 !

Cette baisse du niveau pour les meilleurs élèves mérite que l'on s'y arrête, tant le phénomène semble passé sous silence dans le débat français. Toutes les mesures convergent : les élèves les plus performants se font eux aussi distancer par leurs aînés. On le voit dans les résultats de la France aux Olympiades internationales de mathématiques, en baisse depuis les années 1990.

1. Les résultats se sont néanmoins stabilisés au cours des cinq dernières années, après une baisse de plusieurs décennies.

On le voit encore dans le contenu des programmes des classes préparatoires aux grandes écoles d'ingénieurs et les copies des concours. On le voit enfin dans les études internationales : la France est tout autant à la traîne lorsque l'on se focalise sur le top 5 % ou le top 1 % des élèves[1].

FIGURE 7. L'évolution des performances en calcul des élèves de CM2 entre 1987 et 2017

Année	1987	1999	2007	2017
Score moyen	250	210	202	176
Écart-type	50	56	58	62
≤ 1er décile 1987	10	34	39	56
≤ 1er quartile 1987	25	57	62	79
≤ médiane 1987	50	79	84	93
≥ 3e quartile 1987	25	8	6	2
≥ 9e décile 1987	10	4	3	1

Lecture : ce tableau, d'après la note d'information n° 19.08 de la Direction de l'évaluation, de la prospective et de la performance de mars 2019, montre les résultats des élèves en calcul dans l'enquête « Lire, écrire, compter ». Les deux premières lignes montrent les scores moyens et l'écart-type, les suivantes la fraction des élèves dont le score est supérieur ou inférieur à certains seuils.

On pourrait continuer à égrener les résultats catastrophiques (pour ne pas dire terrifiants), qui concernent aussi les compétences socio-comportementales, soit la capacité à coopérer, négocier et persévérer[2]. On pourrait aussi rappeler que le sys-

1. Raphael Martin, Thomas Renault et Baptiste Roux, « Baisse de la productivité en France : échec en "maths" ? », Focus du Conseil d'analyse économique, 2022.

2. Maria Guadalupe et Bryan Ng, « Soft Skills et productivité en France », Focus du Conseil d'analyse économique, 2022.

tème éducatif français est l'un de ceux qui favorisent le plus la reproduction sociale et que les inégalités d'accès à l'enseignement supérieur sont aussi fortes en France qu'aux États-Unis. Mais le tableau est déjà suffisamment sombre.

Il faut bien comprendre que la France se trouve dans une situation unique. Aucun pays comparable ne connaît une telle chute de sa performance éducative. On ne peut que s'étonner que le débat sur les principaux défis à relever pour l'innovation en France tourne souvent autour de la « désindustrialisation » – une tendance pourtant commune à tous les pays comparables à la France, sauf l'Allemagne – plutôt que de voir comme prioritaire la question de l'éducation et de la formation initiale. Tout porte à croire que là réside le principal frein à l'innovation en France.

À partir des analyses statistiques sur le lien entre éducation et productivité, on peut retenir un ordre de grandeur utile. Si la France parvenait à combler un cinquième de l'écart qui la sépare des pays avec les résultats éducatifs les plus performants, comme la Finlande (environ 20 points dans le classement PISA), on aurait une hausse de la croissance économique de 0,4 point par an à long terme. Sur quinze ans, ce surcroît de croissance conduirait à une hausse de PIB d'environ 6 %, soit 150 milliards d'euros. Voilà qui compenserait le ralentissement de la productivité par rapport à l'Allemagne et aux États-Unis que l'on observe depuis le début des années 2000.

Il va sans dire que l'éducation est un sujet éminemment important, bien au-delà de ses effets sur l'innovation, la productivité et l'économie. Cependant, faire explicitement le lien entre innovation et productivité a l'avantage de montrer que, si elles sont efficaces, certaines réformes éducatives pourraient être autofinancées – nous y reviendrons dans quelques pages.

Le plus surprenant est que notre diagnostic ne soit pas davantage étayé pour expliquer la baisse spectaculaire de la performance éducative en France. Il existe des rapports sur les mathématiques[1], mais le sujet va bien au-delà. En fait, les causes sont multiples – de l'attractivité du métier d'enseignant en passant par la formation des enseignants, jusqu'à l'évolution des programmes et des pratiques pédagogiques. Y a-t-il lieu d'être fataliste sur notre capacité à inverser la tendance ?

Une ambition à refonder

Certains de nos voisins ont montré l'exemple : le système éducatif peut s'améliorer rapidement lorsque le sujet est une priorité politique. Ce fut le cas en Allemagne et au Portugal dans les années 2000, un moment connu sous le nom de « choc PISA ».

Pour l'Allemagne, cela remonte au début des années 2000 : l'annonce de très mauvais résultats dans les classements PISA avait suscité, littéralement, un choc dans l'opinion publique allemande, avec des centaines d'articles de presse et des prises de position des grands partis politiques. Cela a rapidement conduit à un plan ambitieux pour faire remonter le niveau. Et de fait, l'Allemagne a augmenté ses résultats PISA de 10 points en dix ans, tout en réduisant les inégalités éducatives liées à l'origine sociale.

Même constat et même réaction médiatique et politique au Portugal quelques années plus tard, avec là aussi d'excellents résultats. Dans les deux cas, la baisse du niveau moyen était tirée par les « décrocheurs », c'est-à-dire les élèves en difficulté scolaire. Les nouvelles mesures étaient donc ciblées sur ce public, avec par exemple un soutien linguistique renforcé pour les élèves défavorisés en Allemagne.

1. Cédric Villani et Charles Torossian, « 21 mesures pour l'enseignement des mathématiques », rapport au ministre de l'Éducation nationale, 2018.

La différence avec le contexte français est frappante, où le déclassement éducatif est un sujet très peu présent dans le débat public, qui brillait par son absence lors de l'élection présidentielle de 2022. Bien sûr, on ne peut pas dire que le problème soit totalement laissé de côté et que rien ne soit fait. De nombreuses mesures ont été lancées ces dernières années, par exemple le dédoublement des classes de CP et CE1 en zone d'éducation prioritaire depuis 2017 et l'instauration de nouveaux programmes d'accompagnement (« devoirs faits », « vacances apprenantes »)[1]. D'autres réformes sont en cours d'élaboration, notamment sur l'orientation, pour faciliter la découverte des métiers à l'école.

On ne peut que se réjouir de ces réformes, mais une chose est sûre : le niveau d'ambition et les moyens engagés restent très faibles à l'aune du défi à relever. Trois exemples le montrent.

D'abord, s'agissant des élèves, même les mesures les plus importantes, comme le dédoublement des classes, ont un effet trop faible pour répondre à l'enjeu. Une étude montre que le dédoublement des classes a bien un effet positif sur les élèves concernés, avec une réduction de 38 % de l'écart en mathématiques avec les élèves hors zone d'éducation prioritaire[2]. Mais comme cela ne concerne que deux années de scolarité, on est loin de combler l'écart dans son intégralité et, surtout, de remonter la pente par rapport à la baisse du niveau ces dernières décennies. D'ailleurs, aucune mesure ne porte sur les meilleurs élèves, dont les résultats sont pourtant eux aussi en chute libre par rapport

1. D'autres réformes récentes ont eu des effets délétères qui doivent être corrigés, avec notamment une baisse de 30 % des effectifs féminins de terminale dans les sciences entre 2019 et 2021, effet collatéral infiniment dommageable de la réforme du baccalauréat et du lycée.

2. DEPP (Direction de l'évaluation, de la prospective et de la performance), 2021 : « Évaluation de l'impact de la réduction de la taille des classes de CP et de CE1 en REP+ sur les résultats des élèves et les pratiques des enseignants », document de travail, n° 2021.E04.

à leurs voisins à l'étranger ou à leurs prédécesseurs d'il y a une dizaine d'années.

Ensuite, s'agissant des enseignants, la hausse de rémunération décidée par les pouvoirs publics à partir de la rentrée 2023 est loin de compenser la perte d'attractivité du métier d'enseignant au cours des dernières décennies. En tenant compte de l'inflation, les enseignants ont perdu environ 20 % de pouvoir d'achat depuis l'an 2000, alors que le SMIC augmentait de 24 % au cours de cette période.

Enfin et plus largement, on ne peut que constater que l'enjeu éducatif n'est toujours pas au centre des préoccupations médiatiques et de l'agenda politique, contrairement à ce qui s'était passé en Allemagne et au Portugal.

Alors oui, « on fait des choses », mais il semble bien que l'on manque de détermination pour calibrer nos efforts à la hauteur de l'enjeu. Des caps ont été fixés sur beaucoup d'autres sujets – sur la réindustrialisation, sur le déficit public qui doit revenir sous les 3 % du PIB, sur l'objectif de plein emploi, sur le nombre d'apprentis qui doit dépasser 1 million d'ici 2027, sur les cent « licornes[1] » à créer dans l'Hexagone à l'horizon de 2030 et surtout sur la transition écologique, avec la stratégie nationale bas carbone, déclinée sur plusieurs décennies. Rien de tel pour l'éducation. Pourtant, d'ici une vingtaine d'années, la qualité de l'éducation et de la formation conditionnera l'accomplissement de tous ces autres objectifs.

Un cap tout aussi ambitieux doit donc être fixé pour améliorer significativement le niveau de tous les élèves au primaire, collège et lycée et au-delà, y compris celui des élèves les plus performants, tout en réduisant les inégalités entre établissements et origines sociales. Se fixer des objectifs est rarement une condition suffisante pour parvenir à ses fins, mais c'est bien une condition nécessaire…

1. Les licornes désignent des start-up dont la valorisation est supérieure à 1 milliard d'euros.

Trois principes d'action

Plus facile à dire qu'à faire, dira-t-on. La bonne nouvelle, c'est que les leviers ne manquent pas pour bâtir une stratégie de long terme qui agisse à tous les niveaux. Il n'est pas question ici de développer l'ensemble des mesures à faire figurer dans cette stratégie, mais trois grands principes d'action méritent d'être soulignés.

Premier principe : on sait bien qu'il n'existe pas de dispositif unique au pouvoir magique, mais que c'est plutôt la conjonction des dispositifs qui permet de changer la donne. Il faut miser à la fois sur le contenu des programmes, la formation des enseignants et leur rémunération, les pratiques pédagogiques, l'organisation du temps de travail, la taille des classes, l'aide aux devoirs, les activités péri- et parascolaires, l'organisation des établissements, avec peut-être le retour des notes au collège. Sans oublier l'importance d'élargir l'accès aux formations scientifiques d'excellence pour y former un plus grand nombre d'élèves, comme le permet par exemple le Bachelor of Science de l'École polytechnique, créé en 2017.

Ce large éventail de réformes peut puiser dans des centaines d'études microéconomiques qui documentent les effets des dispositifs dans plusieurs pays développés et fournissent des ordres de grandeur utiles pour savoir si les moyens sont en adéquation avec les buts à long terme[1].

Deuxième principe : il ne faut en aucun cas laisser de côté les filières techniques. De nombreux métiers techniques, souvent avec des formations du niveau CAP au bac, jouent un rôle crucial pour la diffusion des innovations. Et nous ne sommes pas bien positionnés en la matière.

1. Roland G. et Fryer Jr, « The Production of Human Capital in Developed Countries : Evidence from 196 Randomized Field Experiments », *Handbook of Economic Field Experiments*, vol. 2, 2017, p. 95-322.

Par exemple, en 2023, le cumul de toutes les formations pour les métiers de chaudronnier, soudeur et technicien de maintenance ne couvre que 50 % du flux de recrutements. Cela représente un frein important pour la capacité d'innovation de secteurs comme l'énergie, la construction navale ou l'aéronautique, qui ne peuvent fonctionner correctement sans opérateurs qualifiés pour concevoir, usiner, découper, souder, installer, contrôler ou réparer leurs structures métalliques et équipements mécaniques. Le plan pour l'excellence éducative et l'égalité des chances que nous devons mettre en œuvre ne saurait être circonscrit aux enseignements généraux ou au savoir abstrait. L'innovation repose aussi – voire surtout – sur les filières techniques.

Troisième principe : plusieurs réformes pourraient être spécifiquement envisagées dans leur lien avec l'innovation et l'entrepreneuriat, au-delà de l'ambition générale de hausse du niveau. Des progrès notables ont déjà été accomplis depuis que l'enseignement du code informatique a été intégré dans les programmes en 2016, du CM1 jusqu'au baccalauréat. Passer à la vitesse supérieure n'en reste pas moins une priorité.

Par exemple, on pourrait envisager des cours d'initiation à l'entrepreneuriat et à l'innovation au lycée, et renforcer les enseignements portant sur l'usage des nouvelles technologies et la programmation informatique, notamment pour intégrer une initiation à l'intelligence artificielle et aux techniques statistiques du *machine learning*. Les intelligences artificielles génératives, comme ChatGPT, devraient trouver au plus vite leur place dans les cours de technologie.

Le champ des actions à mener est donc très vaste. Et comme toujours, toute action nouvelle est facilitée par une hausse des financements. Il faut agir avec prudence en la matière, dans la mesure où l'Éducation nationale n'est pas sous-financée par rapport ce qui se fait chez nos voisins. Gardons deux idées en tête s'agissant des enjeux de financement.

D'abord, il semble nécessaire que les grands acteurs publics du financement de l'innovation en France, notamment le secrétariat général pour l'investissement, donnent une place de choix au financement d'initiatives au sein de l'Éducation nationale, à même de renforcer notre potentiel d'innovation, notamment s'agissant de l'initiation aux nouvelles technologies. Cela devrait se faire en contrepartie de la mise en œuvre de dispositifs d'évaluation par l'Éducation nationale, pour s'assurer de l'efficacité de la dépense. Le recours à l'évaluation est aujourd'hui très peu fréquent au sein de ce ministère.

Ensuite, la dépense d'éducation peut parfois être autofinancée : en augmentant la productivité et les salaires, elle augmente les rentrées fiscales et peut donc rapporter de l'argent à l'État à long terme. Cela peut paraître trop beau pour être vrai, mais plusieurs études l'ont constaté empiriquement. Ainsi, une étude montre que faciliter l'accès à l'enseignement supérieur aux États-Unis fait gagner environ 24 000 dollars à l'État pour chaque étudiant supplémentaire[1]. À partir d'une expérience randomisée, une autre analyse estime que, pour chaque euro dépensé, un dispositif renforçant les compétences socio-comportementales à l'âge de 8 ans génère un bénéfice de 2 euros pour le contribuable, quand l'enfant est devenu adulte (car sa situation économique est meilleure que sans dispositif)[2]. Soit un taux de retour sur investissement, pour le contribuable, de 8 % par an !

Tout cela pour dire que les problèmes de financement ne doivent pas être un frein : mettre le capital humain au cœur de

1. Nathaniel Hendren et Ben Sprung-Keyser, « A Unified Welfare Analysis of Government Policies », *Quarterly Journal of Economics*, 135, n° 3, 2020, p. 1209-1318.

2. Yann Algan, Elizabeth Beasley, Sylvana Côté, Jungwee Park, Richard E. Tremblay et Frank Vitaro, « The Impact of Childhood Social Skills and Self-Control Training on Economic and Noneconomic Outcomes : Evidence from a Randomized Experiment Using Administrative Data », *American Economic Review*, 112, n° 8, 2022, p. 2553-2579.

notre stratégie d'innovation est bel et bien *rentable*. L'enjeu est de savoir identifier les dispositifs les plus efficaces, ce qui passe – à nouveau – par un recours accru à l'évaluation.

En somme, à l'heure actuelle, nous n'avons aucune stratégie globale et de long terme en matière d'éducation. C'est pourquoi les réformes ont souvent un caractère court-termiste et discontinu, parfois même idéologique. Les gouvernements se succèdent, mettant en place une ou deux réformes iconiques mais ponctuelles, consistant parfois à défaire ce que le précédent gouvernement avait fait.

En fait, la question scolaire exige d'être traitée comme l'est la transition énergétique dans la stratégie nationale bas carbone : par une action de long terme, globale et indépendante du cycle électoral. C'est ainsi que l'on pourra accroître la performance éducative de la France et réduire les inégalités éducatives. C'est la meilleure manière d'œuvrer tout à la fois à une hausse de la croissance et à davantage d'égalité.

CHAPITRE 7

Marché, État et démocratie

Nous en arrivons à la dernière étape de notre cheminement. Après l'éducation et la sociologie des innovateurs, il nous faut saisir les deux autres leviers fondamentaux qui déterminent l'innovation : le marché d'un côté, l'État de l'autre. Tous deux constituent de puissants leviers, complémentaires. L'enjeu est de savoir porter un projet équilibré sur l'État et le marché, en ne renonçant ni à l'un ni à l'autre, et en nous assurant que les choix d'innovation n'échappent pas au contrôle démocratique.

Renouer avec l'expansion des marchés

Tout le monde ou presque s'accorde sur la nécessité de réguler les innovations, par exemple s'agissant de l'intelligence artificielle, des réseaux sociaux ou encore de la protection des données personnelles. Mais cet agenda ne doit pas en éclipser un autre : celui de l'expansion des marchés.

Comme nous l'avons vu au chapitre 3, l'accroissement de la taille du marché est l'un des moteurs les plus puissants de l'innovation. Pourquoi ne pas davantage utiliser ce levier ?

Force est de constater que, depuis quelques années, l'idée d'élargir les marchés en favorisant les accords commerciaux ou en réduisant les barrières réglementaires n'est plus défendue par personne ou presque.

Il y aurait pourtant beaucoup à faire, y compris dans l'espace européen. Jugez plutôt : le marché unique de l'Union européenne, qui fête ses 30 ans en 2023, est sur le papier aussi grand que le marché américain ou le marché chinois. Mais seulement sur le papier, car au sein du marché européen, les marchés nationaux restent morcelés, répondant chacun à des législations sectorielles nationales et à un environnement juridique propre, par exemple le Code du travail et du commerce. Les start-up font donc face à un mur de complexité réglementaire et juridique pour se déployer au sein des 30 pays du marché unique.

C'est pourquoi bien des start-up, notamment parmi les plus ambitieuses, préfèrent s'exiler aux États-Unis, où il est beaucoup plus facile de poursuivre leur croissance. Cela ne doit pas être pris à la légère : l'accès rapide à un vaste marché est le principal frein à l'innovation en Europe. Les grands gagnants sont les leaders européens déjà établis, protégés par la complexité réglementaire et juridique, qui fait office de barrière à l'entrée…

Certes, il y a eu des avancées majeures dans certains secteurs, par exemple la construction du « marché unique numérique » depuis 2015, qui harmonise progressivement les législations dans ce domaine. Le règlement général sur la protection des données (RGPD) de 2018 unifie le marché européen. D'autres dispositifs, connus sous le nom de « bacs à sable réglementaires », permettent de simplifier les réglementations dans des domaines innovants comme l'intelligence artificielle depuis 2022 et la *blockchain* depuis 2023.

Néanmoins, beaucoup reste à faire, notamment pour aller au-delà des réglementations sectorielles. Pour vraiment rendre le marché européen accessible aux start-up, on pourrait doter les jeunes entreprises dans le marché unique européen d'une réglementation nouvelle et simplifiée, via des « codes jeunes entreprises ». L'idée serait de soumettre toutes les entreprises de moins de 8 ans à un code du travail, un code de commerce et un code général des impôts simplifiés. Ces codes seraient uniformisés au niveau européen, dans le respect des prérogatives nationales, et chacun serait limité à une longueur maximale.

Ce serait là un immense défi de simplification à relever en partant d'une feuille blanche, avec pour seule base les besoins des jeunes entreprises et les normes constitutionnelles, européennes et conventionnelles en vigueur. Une telle simplification constituerait un formidable accroissement de la taille du marché *effectivement accessible* aux start-up européennes, donc un grand coup d'accélérateur pour l'innovation en Europe. Évidemment, cette simplification ne doit pas se faire au détriment des droits des salariés.

Au-delà de l'espace européen, signer des accords de libre-échange à l'international permettrait aussi d'élargir les marchés, pour de nombreux pays. Mais rares sont ceux qui osent encore porter un tel agenda. Car la mondialisation n'a plus le vent en poupe, comme en témoigne la guerre commerciale lancée par Donald Trump à la Chine en 2018 ou les nombreux appels à la relocalisation à l'issue de la crise économique née de la pandémie de Covid-19.

Arrêtons-nous donc un instant sur les causes de la défiance à l'égard de la mondialisation. Il y en a principalement deux. Commençons par la plus simple : la mondialisation est perçue comme néfaste aux économies à hauts revenus, accusée de détruire les emplois industriels de la classe moyenne, délocalisés en Chine ou ailleurs, donc de miner la cohésion sociale et d'accroître les inégalités. L'idée est tout à fait plausible… À ceci près que les chiffres ne suivent pas.

Regardons les travaux empiriques détaillés dont nous disposons, ceux qui isolent des liens de causalité et analysent les impacts macroéconomiques du commerce sur l'industrie et les inégalités. En un mot : ils parviennent à une conclusion nuancée, qui est tout sauf catastrophiste.

Selon ces travaux, le commerce international a très peu d'effet sur la désindustrialisation ou les inégalités au sein des pays développés, en France[1] comme aux États-Unis. Il y a certes de nombreux perdants parmi les travailleurs des pays à hauts revenus, mis en concurrence avec les importations venues de l'étranger. Mais on compte aussi de nombreux gagnants : ceux qui travaillent pour des entreprises exportatrices et ceux dont le pouvoir d'achat augmente grâce aux baisses de prix induites par le commerce international. Et les études empiriques montrent que les gagnants ne sont pas systématiquement les plus aisés, d'où un faible effet sur les inégalités. Mettons donc de côté ce faux problème : on peut rester inséré dans la mondialisation sans avoir à sacrifier son industrie ou à accepter une hausse des inégalités.

Reste la seconde critique, très sérieuse, qui s'inquiète des phénomènes de dépendance induits par la mondialisation. Du fait des rendements d'échelle – ceux-là mêmes qui tirent l'innovation –, certains secteurs deviennent extrêmement concentrés, par exemple la production de semi-conducteurs de dernière génération à Taïwan. Il suffit alors d'un problème de production à Taïwan pour se retrouver avec une pénurie mondiale de semi-conducteurs. Une pénurie qui pourrait mettre à mal les nombreuses filières qui dépendent de ces composants électroniques, l'automobile en tête.

Alors, faut-il conclure que le jeu n'en vaut pas la chandelle, que la hausse de l'innovation que permettrait un marché plus vaste aurait pour corollaire des risques inacceptables pour notre économie ? Ce serait aller trop vite en besogne. Déjà, il faut bien saisir le problème à sa juste mesure : selon une étude, 4 % des importations françaises constituent des vulnérabilités, car elles dépendent d'un faible nombre de pays extra-européens[2]. Il s'agit là de 644 pro-

1. Clément Malgouyres, « The Impact of Chinese Import Competition on the Local Structure of Employment and Wages : Evidence from France », *Journal of Regional Science*, 57, n° 3, 2017, p. 411-441.

2. Xavier Jaravel et Isabelle Méjean, « Quelle stratégie de résilience dans la mondialisation ? », Note du Conseil d'analyse économique, 2021.

duits, dont les semi-conducteurs, mais aussi les principes actifs de certains médicaments ou encore les terres rares. C'est à la fois peu et beaucoup : c'est loin d'être la majorité des importations, mais c'est suffisant pour que notre économie soit exposée à de nombreux chocs économiques, géopolitiques ou climatiques.

Ce qui est clair, c'est qu'il est tout à fait possible de réduire à zéro ces vulnérabilités, si l'on cible les bons produits et que l'on utilise tous les outils à notre disposition pour éliminer les dépendances sur la durée – en stockant, en diversifiant les sources d'approvisionnement lorsque cela est possible, et parfois en relocalisant. À l'heure actuelle, un tel plan n'existe pas, ni en France ni au niveau européen[1]. Mais c'est une démarche nécessaire pour rester insérés dans le marché mondial sans pour autant être vulnérables.

Conclusion : pour promouvoir notre capacité d'innovation et profiter des rendements d'échelle, il faut renouer avec la promotion d'un agenda d'ouverture des marchés, au niveau européen comme mondial. Le commerce international n'est pas synonyme de hausse débridée des inégalités, ni de vulnérabilités dès lors que nous prenons les devants pour anticiper d'éventuels chocs économiques importés. Aujourd'hui hors champ, l'agenda d'ouverture des marchés doit revenir sur le devant de la scène.

Le tournant délibératif

Nous avons vu au chapitre 5 que la planification connaissait une renaissance, mais avec deux angles morts : d'une part, le penchant technocratique, qui donne peu de place aux citoyens ; d'autre part, le recours limité à l'évaluation. Comment s'y attaquer ?

Un premier axe consiste à donner une place centrale à des organismes de *délibération* au sein de la politique d'innovation, en

1. Une initiative plus spécifique, sur les vulnérabilités liées aux métaux critiques, a été lancée par la Commission européenne en 2023.

matière de régulation ou de planification. Pourquoi donc ? Car le vote lors des élections constitue une manière beaucoup trop rustre de recueillir l'avis et les valeurs des citoyens pour façonner nos choix technologiques – alors même que ces choix sont absolument déterminants pour l'avenir de nos sociétés. Les choix technologiques relèvent de conceptions éthiques et philosophiques du monde, qu'il s'agisse des organismes génétiquement modifiés, du fonctionnement des algorithmes ou des réseaux sociaux.

Si l'on veut éviter que ces choix soient l'apanage d'une élite entrepreneuriale, scientifique et administrative, il faut repenser notre architecture institutionnelle de manière à pouvoir associer les citoyens au processus de réflexion et de décision sur le financement et la régulation des grandes innovations. De nouvelles enceintes permettraient à la fois de mieux informer les citoyens et de leur donner voix au chapitre.

D'ailleurs, tout cela n'est pas sans précédents. Par exemple, Lionel Jospin avait lancé en 1997 une « conférence de citoyens » sur la mise en culture de maïs transgénique. Quatorze citoyens – tirés au sort pour être globalement représentatifs de la population française – planchèrent sur le sujet dans le cadre de conférences et débats avec des experts, sous l'égide de l'Office parlementaire d'évaluation des choix scientifiques et technologiques (OPECST). D'autres pays organisent fréquemment des « conférences du consensus » sur des sujets techniques et technologiques, notamment le Danish Board of Technology, instance danoise qui est explicitement chargée d'orchestrer l'« évaluation participative de la technologie ». Il s'agit de réunion de citoyens profanes qui, à l'aide d'experts, produisent un avis sur les choix techniques et scientifiques[1].

De telles conférences du consensus se tiennent souvent sur des innovations controversées qui soulèvent des risques, comme

1. Voir aussi Thierry Pech, *Le Parlement des citoyens. La convention citoyenne pour le climat*, Paris, Seuil, « La République des idées », 2021.

les OGM. Mais on peut imaginer aller bien au-delà. Plus précisément, la participation directe des citoyens semble fondamentale sur trois plans.

En premier lieu, il y a un immense enjeu d'acceptabilité pour la diffusion de certaines technologies. Prenons l'exemple des éoliennes, terrestres ou offshore. Leur diffusion sur tout le territoire est absolument nécessaire à la transition énergétique, mais elle soulève de grands problèmes d'acceptabilité, car chacun préférerait les voir s'installer dans la commune d'à côté. Le processus de délibération citoyenne est une approche puissante pour élaborer un diagnostic partagé et renforcer la légitimité démocratique des décisions, donc leur acceptabilité.

Le deuxième cas porte sur des technologies encore en développement, qui sont à des moments critiques de leur existence, avec des choix de paramétrages qui vont déterminer le futur de la technologie. Par exemple, au début des années 2010, Facebook a modifié ses algorithmes d'une manière qui, de fait, a renforcé la polarisation politique, en favorisant la diffusion de contenus différenciés selon les opinions partisanes supposées de chaque utilisateur de la plateforme. Un choix mû par des considérations financières : afficher des éléments qui confortent les opinions politiques de l'utilisateur permet de maximiser les clics et, *in fine*, les revenus publicitaires. D'autres choix auraient pu être privilégiés, par exemple pour encourager le pluralisme algorithmique. Il s'agit là d'un choix politique, auquel une conférence citoyenne pourrait utilement contribuer, avec l'assistance d'experts des algorithmes.

Un autre exemple, tout à fait contemporain, est celui des intelligences artificielles génératives : comment faut-il réguler ChatGPT ? Faut-il l'autoriser dans les écoles ? Quels risques ou quelles opportunités ces technologies suscitent-elles ? Faut-il se satisfaire du fait que l'algorithme est entraîné sur des échantillons de population très spécifiques, ce qui peut induire de nombreux biais ? Il est éminemment utile et important de recueillir l'avis du plus grand nombre sur ces questions.

Nous ne disposons pas aujourd'hui d'institutions adéquates pour le faire, et il est tout à fait insuffisant de s'en remettre au régulateur ou à l'administration – leur rôle est essentiel, mais il n'épuise pas le besoin de débat citoyen. C'est une question de principe : pour être *égaux devant l'innovation*, les citoyens doivent pouvoir orienter et façonner le changement technologique. Ils doivent avoir une enceinte qui leur permette de promouvoir l'usage des technologies et innovations qu'ils considèrent comme porteuses de progrès.

Venons-en au troisième et dernier point : les citoyens pourraient être sollicités pour décider de l'allocation de financements prioritaires pour certaines innovations, notamment lorsqu'il y a des choix éthiques à la clé. Par exemple, les maladies orphelines ont souvent des coûts de R&D supérieurs à ceux des maladies dont la prévalence est plus élevée, du fait des rendements d'échelle qui permettent d'amortir les coûts lorsque les malades sont plus nombreux. Faut-il accepter de dépenser davantage en R&D pour ces maladies, contrairement à la logique de la taille du marché et des rendements d'échelle ? Seule la délibération permet d'apporter des réponses, légitimes d'un point de vue démocratique, à ces questions éthiques.

L'architecture institutionnelle française comporte de nombreuses briques pour construire rapidement une démocratie délibérative de l'innovation. On pourrait lancer de grandes conférences citoyennes sur les enjeux de régulation des innovations modernes, comme l'intelligence artificielle générative. Cela pourrait être fait selon le modèle des conventions citoyennes organisées par le Conseil économique, social et environnemental (CESE). En 2023, la Convention citoyenne sur la fin de vie avait rassemblé 184 citoyens tirés au sort, avec pour mission de répondre à la question posée par la Première ministre : « Le cadre d'accompagnement de la fin de vie est-il adapté aux différentes situations rencontrées ou d'éventuels changements devraient-ils être introduits ? » L'innovation soulève des questions éthiques tout aussi complexes, et l'on peut imaginer des questions analogues sur l'IA générative, entre autres.

Conséquence de tout ce qui précède : on devrait rapprocher les institutions en charge de l'investissement public dans l'innovation, comme le secrétariat général pour l'investissement (SGPI), des institutions de démocratie délibérative, comme le Conseil national de la refondation (CNR), la Commission nationale du débat public (CNDP) et le CESE, qui organisent des consultations et conventions citoyennes. Pour chaque grand thème d'action du SGPI, une consultation citoyenne doit être envisagée[1].

Évaluer la politique d'innovation

Outre ce tournant délibératif, le deuxième axe prioritaire eu égard à l'intervention de l'État tient en un mot : évaluation. On l'a dit, l'évaluation est le parent pauvre de nos pratiques actuelles.

Pourtant, l'enjeu est simple : collecter des données et mener une analyse statistique pour déterminer si un dispositif de soutien à l'innovation crée des effets d'aubaine ou est vraiment efficace. Subventionner une technologie peut être une utilisation tout à fait inefficace de l'argent public, si le secteur privé est capable de s'en charger. Il est toujours difficile de déterminer *a priori* si un dispositif sera ou non efficace, mais cela est possible en analysant la performance du dispositif *a posteriori*, en prévoyant de rapidement débrancher les dispositifs qui se révèlent inefficaces.

Des travaux à l'étranger montrent à quel point cette approche est pragmatique et utile. Une étude américaine a montré

1. Contrairement aux autres recommandations de cet ouvrage, l'idée de promouvoir une démocratie délibérative de l'innovation ne s'appuie pas sur des études économiques. Mais l'enjeu est suffisamment fort pour lancer sans attendre des réformes dans cette perspective.

que certaines subventions du ministère de l'Énergie aux États-Unis constituaient un effet d'aubaine pur et simple, lorsque les technologies subventionnées étaient déjà mûres. À l'inverse, les subventions pour les start-up en tout début de vie, notamment pour réaliser des prototypes, avaient un fort effet d'entraînement[1]. Prenant connaissance des résultats, le ministère a réalloué ses crédits. Évident, me direz-vous ? Pourtant, nous n'avons jamais rien fait de comparable en France.

Le sujet de l'évaluation peut sembler trivial, technique et soporifique, mais il en va de l'efficacité de la politique d'innovation. Il est impératif d'instaurer un recours systématique à l'évaluation. Concrètement, dans le contexte français, on devrait procéder en trois étapes.

Première étape : collecter systématiquement les données des entreprises qui postulent pour des dispositifs de soutien (les « appels à projets » du secrétariat général pour l'investissement), qu'elles soient lauréates ou non. Les agences publiques chargées d'opérer ces dispositifs devraient donner une note qui reflète la qualité générale du projet, et l'on pourrait ensuite comparer les trajectoires des entreprises dont les dossiers étaient de qualité assez similaire, mais qui se trouvaient juste au-dessus ou en deçà du seuil de sélection pour la subvention. Sans cela, impossible de mesurer les effets d'aubaine et l'effet causal des dispositifs.

Ce type d'approche peut être mis en œuvre très rapidement et à très grande échelle : les appels à projets représentent 70 % des montants engagés dans le plan France 2030. Mais, en pratique, les opérateurs des dispositifs de soutien ont rarement le temps et les incitations pour conserver les données sur les non-lauréats, et ils ne proposent pas souvent de classement de la qualité des dossiers.

1. Sabrina T. Howell, « Financing Innovation : Evidence from R&D Grants », *American Economic Review*, 107, n° 4, 2017, p. 1136-1164.

Deuxième étape : utiliser les résultats des évaluations pour faire évoluer les dispositifs. Sans quoi l'exercice reste purement formel et pourra être effectué de manière approximative, comme une case à cocher. Il faut au contraire créer un enjeu réel. Par exemple, pour un plan d'aide à l'innovation qui se déploie sur une dizaine d'années, on devrait se forcer à réallouer 30 % des montants entre dispositifs au bout de cinq ans, sur la base des évaluations disponibles. Les moins efficaces seraient débranchés, et les plus performants renforcés. Voilà qui serait un gage d'efficacité et nous obligerait à penser très sérieusement à l'évaluation dès la conception des dispositifs.

La troisième étape est politique : tant que l'évaluation ne suscite pas l'intérêt des médias et du grand public, elle ne jouera aucun rôle dans la définition et la conduite des politiques d'innovation. Une approche possible consisterait à impliquer les instances de délibération citoyennes évoquées plus haut (ou les parlementaires) pour faire les choix de réallocation des fonds sur la base des résultats des évaluations, après échange avec les experts. Ces changements de gouvernance sont nécessaires pour créer une culture citoyenne de l'évaluation et de l'efficacité de l'intervention publique en matière d'innovation, au service du plus grand nombre.

CONCLUSION

L'innovation au service de toutes et tous

L'ambition de cet ouvrage était de renouveler le débat économique en identifiant les meilleures approches pour concilier innovation et égalité. On dit parfois qu'un problème bien posé est à moitié résolu. Justement, en partant des travaux de recherche les plus récents, notre cheminement a montré que le débat sur l'innovation et les inégalités devait être pensé sur de nouvelles bases, qui plaident pour de nouvelles priorités de politique économique, notamment en France.

La taxation des riches ou des robots, l'impératif de réindustrialisation ou l'appel à la planification – telles sont les priorités actuelles, et elles ne visent plus juste. Car elles prennent insuffisamment en compte les forces profondes qui façonnent l'innovation et ses effets sur les inégalités. Ces forces profondes sont les rendements d'échelle du marché, l'éducation – clé de la diffusion des innovations – et la sociologie de ceux qui font les choix technologiques – aujourd'hui une élite entrepreneuriale, scientifique et administrative trop restreinte. C'est sur chacun de ces leviers qu'il faut se demander : comment agir ? Et quels sont les angles morts de nos pratiques actuelles ?

Au terme de notre analyse, une conclusion simple se dégage, avec trois priorités pour mettre l'innovation au service de l'émancipation de tous.

La priorité numéro un est la politique éducative. Une politique éducative qui suscite les vocations pour l'innovation et la science, indépendamment du sexe, de la famille, de l'origine sociale et du territoire. Une politique éducative qui permette au plus grand nombre d'adopter, de diffuser et de façonner les innovations. Les analyses économiques, combinant micro- et macroéconomies, montrent que l'enjeu est immense à la fois pour la croissance et pour les inégalités.

Notre économie tourne aujourd'hui au ralenti, comme si elle avait d'immenses boulets aux pieds, du fait de l'échec de la politique éducative, politique d'orientation en tête. Le déclin éducatif de la France est à ce titre infiniment plus important que la désindustrialisation ou que la taxation des riches ou des robots. Tout l'inverse de sa visibilité politique et médiatique.

Priorité numéro deux : ne cédons pas à la tentation protectionniste et œuvrons au contraire à l'expansion des marchés, en Europe comme à l'international. Sans cela, nous minerons notre capacité d'innovation, sans pour autant réduire les inégalités. Au contraire, le protectionnisme contribue à accroître les inégalités à l'international, faute de débouchés pour les pays en développement.

Troisième priorité : réinventer la gouvernance de notre politique d'innovation, afin de favoriser une participation active des citoyennes et des citoyens aux choix technologiques qui vont structurer notre avenir, tout en donnant un rôle central à l'évaluation. La régulation et le financement public de l'innovation soulèvent de nombreux choix politiques et éthiques pour lesquels, de fait, le grand public n'est jamais entendu, encore moins écouté. Les institutions de la démocratie délibérative, en particulier les conventions citoyennes, permettraient enfin de changer la donne. Ces institutions devraient aussi promouvoir une évaluation citoyenne des politiques d'innovation, gage nécessaire de leur efficacité et acceptabilité.

Les solutions habituelles sont restées prisonnières du mythe du ruissellement. En fait, l'innovation ne ruisselle ni des entrepreneurs les plus géniaux ni du sommet de l'État. L'innovation est *toujours collective* : elle infuse lentement, dans le « rhizome » de l'innovation.

Un rhizome aujourd'hui biaisé en faveur des privilégiés, mais qui peut et doit être remodelé grâce aux trois nouveaux piliers de la politique d'innovation. Cet ouvrage aura atteint son but s'il contribue à propulser ce triptyque de priorités – éducation, expansion des marchés, gouvernance – au sommet de l'agenda de politique économique en France. Une chose est sûre : sur tous ces fronts, nos marges de progression sont énormes.

Tout comme l'innovation, l'écriture d'un livre est rhizomique et cet ouvrage n'aurait pas été possible sans mes collègues, mes amis et ma famille.

Mes remerciements vont d'abord à mes coauteurs et collègues à la London School of Economics, à Harvard, au Conseil d'Analyse Économique et à l'Inspection générale des finances ; l'ouvrage doit tout à nos réflexions communes. Ce projet n'aurait pas vu le jour sans Ivan Jablonka, auquel j'adresse toute ma reconnaissance pour sa confiance.

Pour leurs encouragements et relectures à la fois bienveillantes et exigeantes, je remercie Ruchir Agarwal, Anouk Canet, Louis de Crevoisier, Diane Derat-Carrière, Maxime Gfeller, Rasha Haddad, Clara Leonard, Dimitrije Ruzic, Paul-Armand Veillon, Michael Webb, ainsi que mes parents, ma sœur, et surtout Alexis Bonnardon.

Cet ouvrage est dédié à la mémoire de G.P.

Table

Dans la même collection

Éric MAURIN
L'Égalité des possibles
(2002)

Thérèse DELPECH
Politique du chaos
(2002)

Olivier ROY
Les Illusions du 11 septembre
(2002)

Jean-Paul FITOUSSI
La Règle et le Choix
(2002)

Michael IGNATIEFF
Kaboul-Sarajevo
(2002)

Daniel LINDENBERG
Le Rappel à l'ordre
(2002) et (2016 nouvelle édition avec une postface inédite)

Pierre-Michel MENGER
Portrait de l'artiste en travailleur
(2003)

Hugues LAGRANGE
Demandes de sécurité
(2003)

Xavier GAULLIER
Le Temps des retraites
(2003)

Suzanne BERGER
Notre première mondialisation
(2003)

Robert CASTEL
L'Insécurité sociale
(2003)

Bruno TERTRAIS
La Guerre sans fin
(2004)

Thierry PECH, Marc-Olivier PADIS
Les Multinationales du cœur
(2004)

Pascal LAMY
La Démocratie-monde
(2004)

Philippe ASKENAZY
Les Désordres du travail
(2004)

François DUBET
L'École des chances
(2004)

Éric MAURIN
Le Ghetto français
(2004)

Julie ALLARD, Antoine GARAPON
Les Juges dans la mondialisation
(2005)

François DUPUY
La Fatigue des élites
(2005)

Patrick WEIL
La République et sa diversité
(2005)

Jean PEYRELEVADE
Le Capitalisme total
(2005)

Patrick HAENNI
L'Islam de marché
(2005)

Marie DURU-BELLAT
L'Inflation scolaire
(2006)

Jean-Louis MISSIKA
La Fin de la télévision
(2006)

Daniel COHEN
Trois Leçons sur la société post-industrielle
(2006)

Louis CHAUVEL
Les Classes moyennes à la dérive
(2006)

François HÉRAN
Le Temps des immigrés
(2007)

DOMINIQUE MÉDA, HÉLÈNE PÉRIVIER
Le Deuxième Âge de l'émancipation
(2007)

Thomas PHILIPPON
Le Capitalisme d'héritiers
(2007)

Youssef COURBAGE, Emmanuel TODD
Le Rendez-vous des civilisations
(2007)

ROBERT CASTEL
La Discrimination négative
(2007)

LAURENT DAVEZIES
La République et ses territoires
(2008)

GÖSTA ESPING ANDERSEN
(avec Bruno Palier)
Trois Leçons sur l'État-providence
(2008)

LOÏC BLONDIAUX
Le Nouvel Esprit de la démocratie
(2008)

Jean-Paul Fitoussi, Éloi Laurent
La Nouvelle Écologie politique
(2008)

Christian Baudelot, Roger Establet
L'Élitisme républicain
(2009)

Éric Maurin
La Peur du déclassement
(2009)

Patrick Peretti-Wattel, Jean-Paul Moatti
Le Principe de prévention
(2009)

Esther Duflo
Le Développement humain
Lutter contre la pauvreté (I)
(2010)

Esther Duflo
La Politique de l'autonomie
Lutter contre la pauvreté (II)
(2010)

François Dubet
Les Places et les Chances
Repenser la justice sociale
(2010)

Dominique Cardon
La Démocratie Internet
Promesses et limites
(2010)

Dominique Bourg, Kerry Whiteside
Vers une démocratie écologique
Le citoyen, le savant et le politique
(2010)

Patrice Flichy
Le Sacre de l'amateur
(2010)

CAMILLE LANDAIS, THOMAS PIKETTY, EMMANUEL SAEZ
Pour une révolution fiscale
Un impôt sur le revenu pour le XXIe siècle
(2011)

PIERRE LASCOUMES
Une démocratie corruptible
(2011)

PHILIPPE AGHION, ALEXANDRA ROULET
Repenser l'État
Pour une social-démocratie de l'innovation
(2011)

COLLECTIF
Refaire société
(2011)

DOMINIQUE GOUX, ÉRIC MAURIN
Les Nouvelles Classes moyennes
(2012)

BLANCHE SEGRESTIN, ARMAND HATCHUEL
Refonder l'entreprise
(2012)

NICOLAS DUVOUX
Le Nouvel Âge de la solidarité
Pauvreté, précarité et politiques publiques
(2012)

FRANÇOIS BOURGUIGNON
La Mondialisation de l'inégalité
(2012)

LAURENT DAVEZIES
La crise qui vient
La Nouvelle Fracture territoriale
(2012)

MICHEL KOKOREFF, DIDIER LAPEYRONNIE
Refaire la cité
L'Avenir des banlieues
(2013)

HERVÉ LE BRAS, EMMANUEL TODD
Le Mystère français
(2013)

CAMILLE PEUGNY
Le Destin au berceau
Inégalités et reproduction sociale
(2013)

FABIENNE BRUGÈRE
La Politique de l'individu
(2013)

GABRIEL ZUCMAN
La Richesse cachée des nations
(2013 et nouvelle édition, mise à jour et augmentée, 2017)

Marie DURU-BELLAT
Pour une planète équitable
L'Urgence d'une justice globale
(2014)

Antoine VAUCHEZ
Démocratiser l'Europe
(2014)

François DUBET
La Préférence pour l'inégalité
Comprendre la crise des solidarités
(2014)

Claudia SENIK
L'Économie du bonheur
(2014)

Julia CAGÉ
Sauver les médias
Capitalisme, financement participatif et démocratie
(2015)

Laurent DAVEZIES
Le Nouvel Égoïsme territorial
Le Grand Malaise des nations
(2015)

Éric Maurin
La Fabrique du conformisme
(2015)

Hervé Le Bras
Le Nouvel Ordre électoral
Tripartisme contre démocratie
(2016)

Irène Théry
Mariage et Filiation pour tous
Une métamorphose inachevée
(2016)

Grégoire Kauffmann
Le Nouveau FN
Les Vieux Habits du populisme
(2016)

François Dubet
Ce qui nous unit
Discriminations, égalité, reconnaissance
(2016)

Pierre Veltz
La Société hyper-industrielle
Nouvelles Formes productives et territoriales
(2017)

Annabelle Allouch
La Société du concours
L'Empire des classements scolaires
(2017)

Julien Damon
Un monde de bidonvilles
Migrations et urbanisme informel
(2017)

Armelle Choplin, Olivier Pliez
La Mondialisation des pauvres
(2018)

Baptiste Kotras
La Voix du web
Nouveaux Régimes de l'opinion sur Internet
(2018)

Nicolas Frémeaux
Les Nouveaux Héritiers
(2018)

Clément Carbonnier, Nathalie Morel
Le Retour des domestiques
(2018)

Éric Charmes
La Revanche des villages
Essai sur la France périurbaine
(2018)

François Dubet
Le Temps des passions tristes
Inégalités et populisme
(2019)

Yann Algan, Elizabeth Beasley, Daniel Cohen, Martial Foucault
Les Origines du populisme
Enquête sur un schisme politique et social
(2019)

Justine Lacroix, Jean-Yves Pranchère
Les droits de l'homme rendent-ils idiot ?
(2019)

Vanessa Wisnia-Weill
Les Nouveaux Pouvoirs d'agir
(2020)

Christian Ben Lakhdar
Addicts
Les Drogues et nous
(2020)

Martine Storti
Pour un féminisme universel
(2020)

Romain Badouard
Les Nouvelles Lois du web
Censure et modération
(2020)

PIERRE VELTZ
L'Économie désirable
Sortir du monde thermo-fossile
(2021)

CÉLINE BÉRAUD
Le Catholicisme français à l'épreuve des scandales sexuels
(2021)

LAURENT DAVEZIES
L'État a toujours soutenu ses territoires
(2021)

ÉRIC MAURIN
Trois Leçons sur l'école républicaine
(2021)

THIERRY PECH
Le Parlement des citoyens
La Convention citoyenne pour le climat
(2021)

ÉRIC MONNET
La Banque-Providence
Démocratiser les banques centrales et la monnaie
(2021)

CAMILLE PEUGNY
Pour une politique de la jeunesse
(2022)

THOMAS COUTROT, CORALIE PEREZ
Redonner du sens au travail
Une aspiration révolutionnaire
(2022)

GUILLAUME VUILLEMEY
Le Temps de la démondialisation
Protéger les biens communs contre le libre-échange
(2022)

MATTHIEU CALAME
La Révolution agro-écologique
Se nourrir demain
(2022)

FRANÇOIS HÉRAN
Immigration : le grand déni
(2023)

RÉALISATION : NORD COMPO À VILLENEUVE-D'ASCQ
ACHEVÉ D'IMPRIMER SUR ROTO-PAGE
PAR L'IMPRIMERIE FLOCH À MAYENNE
DÉPÔT LÉGAL : NOVEMBRE 2023. N° 154583 (103456)
IMPRIMÉ EN FRANCE